TRAITÉ DE PAIX

ENTRE

LE ROY,

LE ROY DE LA GRANDE BRETAGNE,

ET

LES ÉTATS GÉNÉRAUX

DES PROVINCES-UNIES DES PAYS-BAS,

Conclu à Aix-la-Chapelle, le 18 Octobre 1748,

AVEC

Les Accessions du Roy Catholique, de la Reine de Hongrie & de Bohème, Impératrice, du Roy de Sardaigne, du Duc de Modène, & de la République de Gènes.

A PARIS,
DE L'IMPRIMERIE ROYALE.

M. DCCL.

LOUIS, PAR LA GRACE DE DIEU, ROY DE FRANCE ET DE NAVARRE: A tous ceux qui ces présentes Lettres verront, SALUT. Comme nos chers & bien amés les sieurs Comte de Saint Severin-d'Aragon, Chevalier de nos Ordres; & la Porte du Theil, Chevalier de l'Ordre de Notre-Dame de Montcarmel & de Saint Lazare de Jérusalem, Conseiller en nos Conseils, Secrétaire de notre Chambre & Cabinet, & des Commandemens de notre très-cher & très-amé fils le Dauphin, & de nos très-chères & très-amées filles, en vertu du Plein-pouvoir que nous leur en avons donné, auroient, en qualité de nos Ambassadeurs extraordinaires, & Ministres Plénipotentiaires aux conférences d'Aix-la-Chapelle, conclu, arrêté & signé le 18 du présent mois d'octobre, tant avec le sieur Comte de Sandwich & le sieur Robinson, Ambassadeurs extraordinaires, & Ministres Plénipotentiaires de notre très-cher & très-amé frère le Roy de la grande Bretagne, qu'avec le sieur Comte de Bentinck, le sieur Hasselaer, le sieur Baron de Borssele, & le sieur Van-Haren, Ambassadeurs extraordinaires,

& Miniſtres Plénipotentiaires de nos très-chers & grands amis les Etats généraux des Provinces-unies des Pays-bas, auxdites conférences, pareillement munis de leurs pleins-pouvoirs, le Traité de paix & les articles ſéparés dont la teneur s'enſuit.

Au nom de la très-ſainte & indiviſible Trinité, Père, Fils, & Saint-Eſprit. Ainſi ſoit-il.

SOIT notoire à tous ceux qu'il appartiendra, ou peut appartenir en manière quelconque. L'Europe voit luire le jour que la Providence Divine avoit marqué pour le rétabliſſement de ſon repos : Une paix générale ſuccède à la longue & ſanglante guerre qui s'étoit élevée entre le ſéréniſſime & très-puiſſant Prince LOUIS XV, par la grace de Dieu, Roy très-chrétien de France & de Navarre, d'une part; le ſéréniſſime & très-puiſſant Prince GEORGE II, par la grace de Dieu, Roy de la grande Bretagne, Duc de Brunſwick & de Lunebourg, Archi-Tréſorier & Electeur du ſaint Empire Romain; & la ſéréniſſime & très-puiſſante Princeſſe MARIE-THÉRÈSE, par la grace de Dieu, Reine de Hongrie & de Bohème, &c. Impératrice des Romains, de l'autre : Comme auſſi entre le ſéréniſſime & très-puiſſant Prince PHILIPPE V, par la grace de Dieu, Roy d'Eſpagne & des Indes (de glorieuſe mémoire) & après ſon décès, le ſéréniſſime & très-puiſſant Prince FERDINAND VI, par la grace de Dieu, Roy d'Eſpagne & des Indes, d'une part ; le Roy de la grande Bretagne, l'Impératrice Reine de Hongrie & de Bohème ; &

le sérénissime & très-puissant Prince CHARLES-EMANUEL III, par la grace de Dieu, Roy de Sardaigne, de l'autre. A laquelle guerre s'étoient intéressés les hauts & puissans Seigneurs les ETATS-GÉNÉRAUX des Provinces-unies des Pays-bas, comme auxiliaires du Roy de la grande Bretagne & de l'Impératrice Reine de Hongrie & de Bohème ; & le sérénissime Duc de MODÈNE, & la sérénissime République de GÈNES, comme auxiliaires du Roy d'Espagne. Dieu, dans sa miséricorde, a fait connoître à toutes ces Puissances en même temps, la voie par laquelle il vouloit qu'elles se réconciliassent, & rendissent la tranquillité aux peuples qu'il a soumis à leur gouvernement : Elles ont envoyé leurs Ministres Plénipotentiaires à Aix-la-Chapelle, où ceux du Roy Très-Chrétien, du Roy de la grande Bretagne & des Etats-généraux des Provinces-unies, étant convenus des conditions préliminaires d'une pacification générale ; & ceux du Roy Catholique, de l'Impératrice Reine de Hongrie & de Bohème, du Roy de Sardaigne, du Duc de Modène & de la République de Gènes, y ayant accédé, une cessation générale d'hostilités par mer & par terre en est heureusement résultée. A l'effet de consommer dans le même lieu d'Aix-la-Chapelle, le grand ouvrage d'une paix, aussi convenable à tous que solide, les hauts Contractans ont nommé, commis & muni de leurs Pleins-pouvoirs, les très-illustres & très-excellens Seigneurs, pour leurs Ambassadeurs extraordinaires & Ministres plénipotentiaires ; savoir, sa sacrée Majesté Très-Chrétienne, les Seigneurs Alphonse-Marie-Louis, Comte de Saint-Severin d'Aragon, Chevalier de ſes Ordres, & Jean-Gabriel de la Porte du Theil, Chevalier de l'Ordre de Notre-Dame de Montcarmel & de Saint-Lazare de Jéruſalem, Conſeiller du Roy en ſes Conſeils, Secrétaire de la Chambre & du Cabinet de Sa Majeſté, des Commandemens de Monſeigneur le Dauphin & de Meſdames de France : Sa ſacrée Majeſté Britannique, les Seigneurs Jean, Comte de Sandwich, Vicomte d'Hinchinbroock, Baron Montagu de Saint-Neots, Pair d'Angleterre, premier Seigneur-Commiſſaire de l'Amirauté, l'un des Seigneurs Régents du Royaume, ſon Miniſtre Plénipotentiaire auprès des Seigneurs E'tats-généraux des Provinces-unies; & Thomas Robinſon, Chevalier du très-honorable Ordre du Bain, & ſon Miniſtre Plénipotentiaire auprès de Sa Majeſté l'Empereur des Romains, & de Sa Majeſté l'Imperatrice Reine de Hongrie & de Bohème : Sa ſacrée Majeſté Catholique, le Seigneur Don Jacques Maſonès de Lima y Soto Mayor, Gentilhomme de la Chambre de Sadite Majeſté Catholique, & Maréchal de Camp de ſes armées : Sa ſacrée Majeſté l'Impératrice Reine de Hongrie & de Bohème, le Seigneur Winceſlas-Antoine Comte de Kaunitz-Rittberg, Seigneur de Eſſens, Steteſdorff, Willmund, Auſterlitz, Hungriſch, Brod, Wiete, &c. Conſeiller d'état intime actuel de leurs Majeſtés Impériales : Sa ſacrée Majeſté le Roy de Sardaigne, les Seigneurs Don Joſeph Oſſorio, Chevalier Grand-Croix & Grand Conſervateur de l'Ordre Militaire des Saints Maurice & Lazare, & Envoyé extraordinaire de Sa Majeſté le Roy de Sardaigne auprès de Sa Majeſté le Roy de la grande Bretagne; & Joſeph Borré, Comte de la Chavanne, ſon Conſeiller d'état, & ſon Miniſtre auprès des Seigneurs Etats généraux des Provinces-unies : Les hauts & puiſſans Seigneurs les Etats-généraux des Provinces-unies, les Seigneurs Guillaume Comte de Bentinck, Seigneur de Rhoon & Pendrecht, du Corps des Nobles de la province de Hollande & de Weſtfriſe, Curateur de l'Univerſité de Leyden, &c. &c. &c. Frederic Henry Baron de Waſſenaer, Seigneur de Catwyke & Zand, du Corps des Nobles de la province de Hollande & de Weſtfriſe, Hoogheemrade de Rhynlande, &c. &c. &c. Gerard-Arnout Haſſelaer, Bourg-meſtre & Conſeiller de la ville d'Amſterdam, Directeur de la Compagnie des Indes orientales; Jean, Baron de Borſſele, premier Noble & repréſentant la Nobleſſe dans les Etats, au Conſeil & à l'Amirauté de Zelande, Directeur de la Compagnie des Indes orientales, Onnozwier de Haren Grietman de Weſt-Stellingwerf, Conſeiller député de la province de Friſe, & Commiſſaire général de toutes les troupes Suiſſes & Griſonnes au ſervice deſdits Seigneurs Etats-généraux, & Députés reſpectifs en l'aſſemblée des Etats généraux & au Conſeil d'état de la part des provinces de Hollande & Weſtfriſe, de Zelande & de Friſe : Le ſéréniſſime Duc de Modène, le ſieur Comte de Monzone, ſon Conſeiller d'état & Colonel à ſon ſervice, & ſon Miniſtre Plénipotentiaire auprès de Sa Majeſté Très-Chrétienne : La ſéréniſſime République de Gènes, le ſieur François, Marquis Doria. Leſquels, après s'être dûement communiqué leurs Pleins-pouvoirs en bonne forme, dont les copies ſont ajoûtées à la fin du préſent Traité, & avoir conféré ſur les divers objets que leurs Souverains ont jugé devoir entrer dans cet inſtrument de Paix générale, ſont convenus des articles dont la teneur s'enſuit.

Article premier.

Il y aura une Paix chrétienne, univerſelle & perpétuelle, tant par mer que par terre, & une amitié ſincère & conſtante, entre les huit Puiſſances ci-deſſus nommées, & entre leurs héritiers & ſucceſſeurs, royaumes, états, provinces, pays, ſujets & vaſſaux, de quelque qualité & condition qu'ils ſoient, ſans exception de lieux ni de perſonnes; en ſorte que les hautes parties contractantes apportent la plus grande attention à maintenir entre elles & leurſdits états & ſujets, cette amitié & correſpondance réciproque, ſans permettre que de part ni d'autre on commette aucune ſorte d'hoſtilités, pour quelque cauſe, & ſous quelque prétexte que ce puiſſe être; & évitant tout ce qui pourroit altérer à l'avenir l'union heureuſement rétablie entre elles, & s'attachant au contraire à procurer en toute occaſion, ce qui pourroit contribuer à leur gloire, intérêts & avantages mutuels, ſans donner aucun ſecours ou protection, directement ou indirectement, à ceux qui voudroient porter quelque préjudice à l'une ou à l'autre deſdites hautes parties contractantes.

I I.

Il y aura un oubli général de tout ce qui a pû être fait ou commis pendant la guerre qui vient de finir; & chacun, au jour de l'échange des ratifications de toutes les parties, ſera conſervé, ou remis en poſſeſſion, de tous les biens,

biens, dignités, bénéfices eccléſiaſtiques, honneurs, rentes, dont il jouiſſoit ou devoit jouir au commencement de la guerre, nonobſtant toutes dépoſſeſſions, ſaiſies ou confiſcations occaſionnées par ladite guerre.

III.

Les Traités de Weſtphalie de 1648; ceux de Madrid, entre les couronnes d'Eſpagne & d'Angleterre, de 1667 & de 1670; les Traités de Paix de Nimègue de 1678 & de 1679; de Ryſwick de 1697; d'Utrecht de 1713; de Bade de 1714; le Traité de la triple alliance de la Haye, de 1717; celui de la quadruple alliance de Londres, de 1718; & le Traité de Paix de Vienne de 1738, ſervent de baſe & de fondement à la Paix générale, & au préſent Traité: & pour cet effet ils ſont renouvellés & confirmés dans la meilleure forme, & comme s'ils étoient inſérés ici mot à mot; en ſorte qu'ils devront exactement être obſervés à l'avenir dans toute leur teneur, & religieuſement exécutés de part & d'autre, à l'exception cependant des points auxquels il eſt dérogé par le préſent Traité.

IV.

Tous les Priſonniers faits de part & d'autre, tant ſur terre que ſur mer, & les otages exigés ou donnés pendant la guerre & juſqu'à ce jour, ſeront reſtitués ſans rançon, dans ſix ſemaines au plus tard, à compter de l'échange de la ratification du préſent Traité, & l'on y procédera immédiatement après cet échange: & tous les vaiſſeaux, tant de guerre que marchands, qui auront été pris depuis l'expiration des termes convenus pour la ceſſation des hoſtilités par mer, ſeront pareillement rendus de bonne foi, avec tous leurs équipages & cargaiſons ; & il ſera donné de part & d'autre des ſûretés pour le payement des dettes, que les priſonniers ou otages auroient pû contracter dans les états où ils auroient été détenus, juſqu'à leur entière liberté.

V.

TOUTES les conquêtes qui ont été faites depuis le commencement de la guerre, ou qui, depuis la concluſion des articles préliminaires, ſignés le 30 du mois d'avril dernier, pourroient avoir été ou être faites, ſoit en Europe, ſoit aux Indes orientales ou occidentales, ou en quelque partie du monde que ce ſoit, devant être reſtituées ſans exception, conformément à ce qui a été ſtipulé par leſdits articles préliminaires, & par les déclarations ſignées depuis, Les hautes Parties s'engagent à faire inceſſamment procéder à cette reſtitution, ainſi qu'à la miſe en poſſeſſion du ſéréniſſime Infant Don Philippe dans les états qui lui doivent être cédés en vertu deſdits préliminaires : leſdites Parties renonçant ſolemnellement, tant pour elles que pour leurs héritiers & ſucceſſeurs, à tous droits & prétentions, à quelque titre & ſous quelque prétexte que ce puiſſe être, à tous les états, pays & places qu'elles s'engagent reſpectivement à reſtituer ou à céder ; ſauf cependant la réverſion ſtipulée des états cédés au ſéréniſſime Infant Don Philippe.

VI.

IL eſt arrêté & convenu que toutes les reſtitutions & ceſſions reſpectives en Europe, ſeront entièrement faites & exécutées de part & d'autre, dans l'eſpace de ſix ſemaines, ou plûtôt ſi faire ſe peut, à compter du jour de l'échange des ratifications du préſent Traité, de toutes les huit Parties ci-deſſus nommées ; de ſorte que dans le même terme de ſix ſemaines, le Roy Très-Chrétien remettra, tant à l'Impératrice Reine de Hongrie & de Bohème, qu'aux E'tats-généraux des Provinces-unies, toutes les conquêtes qu'il a faites ſur eux pendant cette guerre.

L'Impératrice Reine de Hongrie & de Bohème ſera remiſe en conſéquence, dans la pleine & paiſible poſſeſſion de tout ce qu'elle a poſſédé avant la préſente guerre dans les Pays-bas & ailleurs, ſauf ce qui eſt réglé autrement par le préſent Traité.

Dans le même temps les Seigneurs E'tats-généraux des Provinces-unies, ſeront remis dans la pleine & paiſible poſſeſſion, & telle qu'ils l'avoient avant la préſente guerre, des places de Berg-op-zoom & de Maëſtricht, & de tout ce qu'ils poſſédoient avant ladite préſente guerre, dans la Flandre dite Hollandoiſe, & dans le Brabant dit Hollandois, & ailleurs.

Et les villes & places dans les Pays-bas, dont la ſouveraineté appartient à l'Impératrice Reine de Hongrie & de Bohème, dans leſquelles leurs hautes Puiſſances ont le droit de garniſon, ſeront évacuées aux troupes de la République, dans le même eſpace de temps.

Le Roy de Sardaigne ſera de même, & dans le même terme, entièrement rétabli & maintenu dans le duché de Savoye, & dans le comté de Nice, auſſi-bien que dans tous les états, pays, places & forts conquis & occupés ſur lui à l'occaſion de la préſente guerre.

Le ſéréniſſime Duc de Modène, & la ſéréniſſime

République de Gènes, seront aussi dans le même terme entièrement rétablis & maintenus dans les états, pays, places & forts conquis ou occupés sur eux pendant la présente guerre ; & ce, conformément à la teneur des articles XIII & XIV de ce Traité qui les concernent.

Toutes les restitutions & cessions desdites villes, forts & places, se feront avec toute l'artillerie & munitions de guerre qui s'y sont trouvées au jour de leur occupation dans le cours de la guerre, par les Puissances qui ont à faire lesdites cessions & restitutions ; & ce, suivant les inventaires qui en ont été faits, ou qui en seront délivrés de bonne foi de part & d'autre : bien entendu qu'à l'égard des pièces d'artillerie qui ont été transportées ailleurs pour être refondues, ou pour d'autres usages, elles seront remplacées par le même nombre de même calibre, ou poids en métal : bien entendu aussi que les places de Charleroy, Mons, Ath, Oudenarde & Menin, dont on a démoli tous les ouvrages extérieurs, seront restituées sans artillerie : on n'exigera rien pour les frais & dépenses employés aux fortifications de toutes les autres, ni pour autres ouvrages publics ou particuliers, qui ont été faits dans les pays qui doivent être restitués.

VII.

En considération des restitutions que Sa Majesté Très-Chrétienne & Sa Majesté Catholique font par le présent Traité, soit à Sa Majesté l'Impératrice Reine de Hongrie & de Bohème, soit à Sa Majesté le Roy de Sardaigne, les duchés de Parme, de Plaisance & de Guastalle appartiendront à l'avenir au sérénissime Infant Don Philippe, pour être possédés par lui & ses descendans mâles, nés en légitime mariage, en la même manière, & dans la même étendue qu'ils ont été ou dû être possédés par les présens possesseurs : & ledit sérénissime Infant, ou ses descendans mâles, jouiront desdits trois duchés, conformément & sous les conditions exprimées dans les actes de cession de l'Impératrice Reine de Hongrie & de Bohème, & du Roy de Sardaigne.

Ces actes de cession de l'Impératrice Reine de Hongrie & de Bohème & du Roy de Sardaigne, seront remis, avec leurs ratifications du présent Traité, à l'Ambassadeur extraordinaire & plénipotentiaire du Roy Catholique; de même que les Ambassadeurs extraordinaires & plénipotentiaires du Roy Très-Chrétien & du Roy Catholique remettront, avec les ratifications de leurs Majestés, à celui du Roy de Sardaigne, les ordres aux Généraux des troupes Françoises & Espagnoles, de remettre la Savoye & le comté de Nice aux personnes commises par ce Prince à l'effet de les recevoir; de sorte que la restitution desdits états, & la prise de possession des duchés de Parme, Plaisance & Guastalle, par, ou au nom du sérénissime Infant Don Philippe, puissent s'effectuer dans le même temps, conformément aux actes de cession dont la teneur s'ensuit:

NOS MARIA THERESIA, &c. Notum testatumque vigore præsentium facimus. Cùm finiendo funesto bello inter Ministros Plenipotentiarios serenissimi & potentissimi Principis domini Ludovici decimi quinti, Franciæ & Navarræ Regis Christianissimi, & serenissimi ac potentissimi Principis domini

Georgii ſecundi, magnæ Britanniæ Regis, Ducis Brunſvicenſis & Luneburgenſis, ſacri Romani Imperii Electoris; nec non celſorum & potentium Statuum-generalium unitarum fæderati Belgii provinciarum, trigeſimâ aprilis die hujus anni, de certis quibuſdam articulis præliminaribus conventum, hique poſthac ab omnibus quos illi concernunt, principibus, rati habiti; tenor autem articuli eorumdem quarti ſequentem in modum conceptus ſit. « Les duchés de Parme, de Plaiſance » & de Guaſtalle, ſeront cédés au ſéréniſſime Infant Don » Philippe, pour lui tenir lieu d'établiſſement, avec le droit » de réverſion aux préſens poſſeſſeurs, après que Sa Majeſté » le Roy des deux Siciles, aura paſſé à la Couronne d'Eſ- » pagne, ainſi que dans le cas où le ſéréniſſime Infant Don » Philippe viendroit à mourir ſans enfans. »

Neque minus ſubſecuto poſthac definitivo pacis tractatu, vigore ejuſdem articulorum, diverſa hanc materiam concernentia rerum capita, communi eorumdem quorum intereſt conſenſu, eâ quæ ſequitur ratione explanata fuerint. « En conſidé- » ration des reſtitutions que Sa Majeſté Très-Chrétienne & » Sa Majeſté Catholique font par le préſent Traité, ſoit à » Sa Majeſté l'Impératrice Reine de Hongrie & de Bohème, » ſoit à Sa Majeſté le Roy de Sardaigne, les duchés de Par- » me, de Plaiſance & de Guaſtalle, appartiendront à l'avenir » au ſéréniſſime Infant Don Philippe, pour être poſſédés » par lui & ſes deſcendans mâles, nés en légitime mariage, » en la même manière & dans la même étendue qu'ils » ont été ou dû être poſſédés par les préſens poſſeſſeurs : » & ledit ſéréniſſime Infant, ou ſes deſcendans mâles, jouiront desdits trois duchés, conformément & sous les « conditions exprimées dans les actes de cession de l'Impératrice Reine de Hongrie & de Bohème, & du Roy de « Sardaigne. «

Ces actes de cession de l'Impératrice Reine de Hongrie « & de Bohème & du Roy de Sardaigne, seront remis avec « leurs ratifications du présent Traité, à l'Ambassadeur « extraordinaire & plénipotentiaire du Roy Catholique; de « même que les Ambassadeurs extraordinaires & plénipotentiaires du Roy Très-Chrétien & du Roy Catholique, remettront, avec les ratifications de leurs Majestés, à celui du « Roy de Sardaigne, les ordres aux Généraux des troupes « Françoises & Espagnoles, de remettre la Savoye & le comté « de Nice aux personnes commises par ce Prince, à l'effet « de les recevoir; de sorte que la restitution desdits états, « & la prise de possession des duchés de Parme, Plaisance « & Guastalle, par, ou au nom du sérénissime Infant Don « Philippe, puissent s'effectuer dans le même temps, conformément auxdits actes de cession. »

Hinc est quod nos satisfacturæ iis ad quæ nos in præinsertis articulis obstrinximus, ac certâ spe fretæ, vicissim à regibus christianissimo, catholico & futuro præfatorum trium ducatuum possessore, ejusque descendentibus masculis, ante memoratorum articulorum tenorem pari bonâ fide ex asse adimpletum, pariterque ad normam eorumdem tum articuli secundi & decimi octavi preliminarium, ditiones & loca nobis restituenda æqualibus passibus nobis restitutum iri, pro nobis & successoribus nostris sub iis, quæ in suprà insertis & memo-

ratis articulis sancitæ sunt, conditionibus, cedimus & renunciamus omnibus juribus, actionibus & prætentionibus, quæ nobis quocumque titulo, aut quâcumque demùm de causâ in præfatos tres ducatus Parmæ, Placentiæ & Guastallæ, antehâc à nobis possessos competunt, eademque jura, actiones & prætentiones in serenissimum Hispaniarum Infantem Philippum, ejusque descendentes masculos ex legitimo matrimonio nascituros, quo fieri potest meliore & solemniore modo, transferimus: absolventes & obsequio & juramento quod nobis præstiterunt, universos prædictorum ducatuum incolas, qui id in posterum iis quibus jura nostra cessimus, præstare tenebuntur. Quæ omnia tamen, non nisi de eo temporis intervallo intelligenda sunt, quo vel prædictus serenissimus Hispaniarum Infans Philippus, vel unus ex ejusdem descendentibus, vel utriusque Siciliæ vel Hispaniarum tronum necdum conscenderit, quippè pro quo tempore & illo, quo sæpè memoratus Infans absque descendentibus masculis decesserit, nos, nobis, nostrisque hæredibus & successoribus, omnia jura, actiones ac prætentiones quæ nobis in eosdem ducatus prius competierunt, ac proinde reversionis jus per expressum reservamus.

In quorum omnium fidem roburque, &c. &c. &c.

CARLO-EMANUELE, &c. Il desiderio di contribuire dal canto nostro al piu pronto ristabilimento della publica tranquillità che gia ci mosse ad accedere a gli articoli preliminari segnati li trenta aprilè scaduto, tra i Ministri di sua Maestà Christianissima, di sua Maestà Britannica, & de'i Signori Stati-generali delle Provincie-unite, come sotto il dì trenta una maggio scorso v'abbiamo per mezzo del nostro Plenipotenziario acceduto,

acceduto, portandoci ora al compimento di quanto dee farsi da noi in dipendenza di essi, e singolarmente per l'esecuzione del disposto all'articolo quarto dei medesimi, in vigore di cui devono essere ceduti al serenissimo Principe Don Filippo Infante di Spagna, i ducati di Parma, Piacenza & Guastalla, per tenergli luogo di stabilimento, col diritto di riversibilità ai presentanei possessori, tosto che sua Maestà il Re delle due Sicilie sara passato alla corona di Spagna, o che il nominato Infante venisse a morire senza figlivoli maschi: Per il presente atto, in conformità di quanto sopra, rinunciamo, cediamo e trasportiamo per noi e nostri suceessori al predetto serenissimo Infante Don Filippo ed a suoi figlivoli maschi, da medesimi nati di legitimo e constante matrimonio, la citta di Piacenza ed il Piacentino da noi posseduto, per tenerlo e posséderlo in qualità di duca di Piacenza, rinunciando a questo effetto a tutti i diritti, azioni e pretese che sopra di essi ci competono, riservata pero espressamente a noi, ed ai nostri successori, la ragione di reversibilita ne'i casi sopra detti.

In fede di che, &c.

VIII.

POUR assûrer & effectuer lesdites restitutions & cessions, on est convenu qu'elles seront entièrement exécutées & accomplies de part & d'autre, en Europe dans l'espace de six semaines, ou plûtôt si faire se peut, à compter du jour de l'échange des ratifications de toutes les huit Puissances: bien entendu que quinze jours après la signature du présent Traité, les Généraux ou autres personnes que les hauts Contractans, de part & d'autre, jugeront à propos de commettre à cet effet, s'aſſembleront à Bruxelles & à Nice, pour concerter & convenir des moyens de procéder aux reſtitutions & miſes en poſſeſſion, d'une façon également convenable au bien des troupes, des habitans & des pays reſpectifs; mais auſſi de ſorte que toutes & chacune des hautes Parties contractantes ſe trouvent, conformément à leurs intentions & aux engagemens contractés par le préſent Traité, en poſſeſſion tranquille & entière, ſans rien excepter, de tout ce qui doit leur revenir, ſoit par reſtitution, ſoit par ceſſion, dans ledit terme de ſix ſemaines, ou plûtôt ſi faire ſe peut, après l'échange des ratifications du préſent Traité de toutes leſdites huit Puiſſances.

I X.

En conſidération de ce que nonobſtant l'engagement mutuel pris par l'article XVIII des préliminaires, portant que toutes les reſtitutions & ceſſions marcheront d'un pas égal, & s'exécuteront en même temps, Sa Majeſté Très-Chrétienne s'engage par l'article VI du préſent Traité, à reſtituer dans l'eſpace de ſix ſemaines, ou plûtôt ſi faire ſe peut, à compter du jour de l'échange des ratifications du préſent Traité, toutes les conquêtes qu'elle a faites dans les Pays-bas, pendant qu'il n'eſt pas poſſible, vû la diſtance des pays, que ce qui concerne l'Amérique, ait ſon effet dans le même temps, ni même de fixer le terme de ſa parfaite exécution, Sa Majeſté Britannique s'engage auſſi de ſon côté, à faire paſſer auprès du Roy Très-chrétien, auſſi-tôt après l'échange des ratifications du préſent Traité, deux perſonnes de rang & de conſidération, qui y demeureront en otage juſques à ce qu'on y ait appris d'une façon certaine & autentique la restitution de l'isle Royale, dite Cap-Breton, & de toutes les conquêtes que les armes ou les sujets de Sa Majesté Britannique pourroient avoir faites avant ou après la signature des préliminaires, dans les Indes orientales & occidentales. Leurs Majestés Très-Chrétienne & Britannique, s'obligent pareillement de faire remettre, à l'échange des ratifications du présent Traité, les duplicata des ordres adressés aux Commissaires nommés pour remettre & pour recevoir respectivement tout ce qui pourroit avoir été conquis de part & d'autre dans lesdites Indes orientales & occidentales, conformément à l'article II des préliminaires, & aux déclarations des 21 & 31 mai & 8 juillet derniers, pour ce qui concerne lesdites conquêtes dans les Indes orientales & occidentales : Bien entendu néantmoins, que l'isle Royale, dite le Cap-Breton, sera rendue avec toute l'artillerie & munitions de guerre qui s'y seront trouvées au jour de sa reddition, conformément aux inventaires qui en ont été dressés, & dans l'état où étoit ladite place ledit jour de sa reddition.

Quant aux autres restitutions, elles auront leur effet, conformément à l'esprit de l'article II des préliminaires & des déclarations & conventions des 21 & 31 mai & 8 juillet derniers, dans l'état où se seront trouvées les choses le 11 juin nouveau style, dans les Indes occidentales, & le 31 octobre, pareillement nouveau style, dans les Indes orientales. Toutes choses d'ailleurs, y seront remises sur le pied qu'elles étoient ou devoient être avant la présente guerre.

Lesdits Commissaires respectifs, tant ceux pour les

Indes occidentales, que ceux pour les Indes orientales, devront être prêts à partir au premier avis que leurs Majestés Très-Chrétienne & Britannique recevront de l'échange des ratifications, munis de toutes les instructions, commissions, pouvoirs & ordres nécessaires pour le plus prompt accomplissement des intentions de leursdites Majestés, & des engagemens qu'elles contractent par le présent Traité.

X.

Les revenus ordinaires des pays qui doivent être restitués ou cédés respectivement, & les impositions faites dans ces pays pour le traitement & les quartiers d'hiver des troupes, appartiendront aux Puissances qui en sont en possession, jusqu'au jour de l'échange des ratifications du présent Traité; sans néantmoins qu'il soit permis d'user d'aucune voie d'exécution, pourvû qu'il ait été donné caution suffisante pour le payement : Bien entendu que les fourrages & ustensiles pour les troupes, se fourniront jusqu'aux évacuations. Au moyen de quoi toutes les Puissances promettent & s'engagent de ne rien répéter, ni exiger des impositions & contributions qu'elles pourroient avoir établies sur les pays, villes & places qu'elles ont occupés dans le cours de la guerre, & qui n'auroient point été payées au temps que les événemens de ladite guerre les auroient obligées à abandonner lesdits pays, villes & places; toutes prétentions de cette nature, demeurant, en vertu du présent Traité, anéanties.

X I.

Tous les papiers, lettres, documens & archives, qui se sont trouvés dans les pays, terres, villes & places, qui sont restitués, & ceux appartenans aux pays cédés, seront délivrés ou fournis respectivement de bonne foi dans le même temps, s'il est possible, de la prise de possession, ou au plus tard deux mois après l'échange des ratifications du présent Traité, de toutes les huit Parties, en quelques lieux que lesdits papiers ou documens se puissent trouver, nommément ceux qui auroient été transportés de l'archive du grand Conseil de Malines.

XII.

SA MAJESTÉ le Roy de Sardaigne restera en possession de tout ce dont il jouissoit anciennement & nouvellement, & particulièrement de l'acquisition qu'il a faite en 1743 du Vigevanasque, d'une partie du Pavesan, & du comté d'Anghiera, de la manière que ce Prince les possède aujourd'hui en vertu des cessions qui lui en ont été faites.

XIII.

LE sérénissime Duc de Modène, en vertu, tant du présent Traité, que de ses droits, prérogatives & dignités, prendra possession six semaines, ou plûtôt si faire se peut, après l'échange des ratifications dudit Traité, de tous ses états, places, forts, pays, biens & rentes, & généralement de tout ce dont il jouissoit avant la guerre : lui seront rendus pareillement dans le même temps, ses archives, documens, écrits & meubles de quelque nature que ce puisse être, comme aussi l'artillerie, attirails & munitions de guerre, qui se seront trouvés dans ses pays au temps de leur occupation. Quant à ce qui manquera, ou qui aura été converti en une autre forme, le juste prix des choſes ainſi ôtées, & qui doivent être reſtituées, ſera payé en argent comptant; lequel prix, ainſi que l'équivalent des fiefs que le ſéréniſſime Duc de Modène poſſédoit en Hongrie, s'ils ne lui ſont pas remis, ſera règlé & conſtaté par les Généraux ou Commiſſaires reſpectifs, qui, ſuivant l'article VIII du préſent Traité, doivent s'aſſembler à Nice quinze jours après la ſignature, pour convenir des moyens d'exécuter les reſtitutions & miſes en poſſeſſion réciproques; de ſorte que dans le même temps & le même jour que le ſéréniſſime Duc de Modène prendra poſſeſſion de tous ſes états, il puiſſe entrer auſſi en jouiſſance, ſoit de ſes fiefs en Hongrie, ſoit dudit équivalent, & recevoir le prix des choſes qui ne pourroient lui être reſtituées. Lui ſera pareillement fait juſtice dans ledit terme de ſix ſemaines après l'échange des ratifications, ſur les Allodiaux de la maiſon de Guaſtalle.

X I V.

La ſéréniſſime République de Gènes, en vertu, tant du préſent Traité, que de ſes droits, prérogatives & dignités, rentrera en poſſeſſion ſix ſemaines, ou plûtôt ſi faire ſe peut, après l'échange des ratifications dudit Traité, de tous les états, forts, places, pays, biens de quelque nature que ce puiſſe être, rentes & revenus, dont elle jouiſſoit avant la guerre: ſpécialement tous & chacun des membres & ſujets de ladite république, rentreront dans le terme ſuſdit, après l'échange des ratifications du préſent Traité, en poſſeſſion, jouiſſance & liberté de diſpoſer de tous les fonds qu'ils avoient ſur la banque de Vienne en Autriche, en Bohème, ou en quelque partie que ce ſoit des états de l'Impératrice Reine de Hongrie & de Bohème, & de ceux du Roy de Sardaigne; & les intérêts leur ſeront payés exactement & régulièrement, à compter dudit jour de l'échange des ratifications du préſent Traité.

X V.

Il a été arrêté & convenu entre les huit hautes Parties, que pour le bien & affermiſſement de la paix en général, & pour la tranquillité de l'Italie en particulier, toutes choſes y demeureront dans l'état où elles étoient avant la guerre, ſauf & après l'exécution des diſpoſitions faites par le préſent Traité.

X V I.

Le Traité de l'Aſſiento, pour la traite des Nègres, ſigné à Madrid le 26 mars 1713, & l'article du Vaiſſeau annuel, faiſant partie dudit Traité, ſont ſpécialement confirmés par le préſent Traité, pour les quatre années pendant leſquelles la jouiſſance en a été interrompue depuis le commencement de la préſente guerre; & ſeront exécutés ſur le même pied, & ſous les mêmes conditions qu'ils ont été ou dû être exécutés avant ladite guerre.

X V I I.

Dunkerque reſtera fortifié du côté de terre en l'état qu'il eſt actuellement; & pour le côté de mer, il reſtera ſur le pied des anciens Traités.

X V I I I.

Les prétentions d'argent que Sa Majeſté Britannique a, comme Electeur d'Hanover, ſur la couronne d'Eſpagne; les différends touchant l'Abbaye de Saint-Hubert, les Enclaves du Haynault; & les bureaux nouvellement établis dans les Pays-bas ; les prétentions de l'Electeur Palatin, & les autres articles qui n'ont pû être réglés pour entrer dans le présent Traité, se feront incessamment à l'amiable, par les Commissaires nommés à cet effet de part & d'autre, ou autrement, selon qu'il en sera convenu par les Puissances intéressées.

XIX.

L'ARTICLE V du Traité de la quadruple Alliance, conclu à Londres le 2 août 1718, contenant la garantie de la succession au royaume de la grande Bretagne dans la maison de Sa Majesté Britannique à présent regnante, & par lequel on a pourvû à tout ce qui peut être relatif à la personne qui a pris le titre de Roy de la grande Bretagne, & à ses descendans des deux sexes, est expressément rappelé & renouvellé par le présent article, comme s'il y étoit inséré dans tout son contenu.

XX.

SA MAJESTÉ Britannique, en sa qualité d'Electeur de Brunswick-Lunébourg, tant pour lui, que pour ses héritiers & successeurs, & tous les états & possessions de Sadite Majesté en Allemagne, sont compris & garantis par le présent Traité de paix.

XXI.

TOUTES les Puissances intéressées au présent Traité, qui ont garanti la Sanction pragmatique du 19 avril 1713, pour tout l'héritage du feu Empereur Charles VI, en faveur de sa fille l'Impératrice Reine de Hongrie & de Bohème actuellement regnante, & de ses descendans à perpétuité, suivant l'ordre établi par ladite Sanction pragmatique, la renouvellent

renouvellent dans la meilleure forme qu'il est possible ; à l'exception cependant des cessions déjà faites, soit par ledit Empereur, soit par ladite Princesse, & de celles qui sont stipulées par le présent Traité.

XXII.

Le Duché de Silésie & le Comté de Glatz, tels que Sa Majesté Prussienne les possède aujourd'hui, sont garantis à ce Prince par toutes les Puissances parties & contractantes du présent Traité.

XXIII.

Toutes les Puissances contractantes & intéressées au présent Traité, en garantissent réciproquement & respectivement l'exécution.

XXIV.

Les Ratifications solemnelles du présent Traité, expédiées en bonne & dûe forme, seront échangées en cette ville d'Aix-la-Chapelle, entre toutes les huit Parties, dans l'espace d'un mois, ou plûtôt s'il est possible, à compter du jour de la signature.

En foi de quoi, nous soussignés leurs Ambassadeurs extraordinaires & Ministres plénipotentiaires, avons signé de notre main en leur nom, & en vertu de nos pleins-pouvoirs, le présent Traité définitif, & y avons fait apposer le cachet de nos armes. Fait à Aix-la-Chapelle, le dix-huit octobre mil sept cens quarante-huit.

(L.S.) St Severin d'Aragon.
(L.S.) La Porte du Theil.

(L.S.) Sandwich.
(L.S.) G. Robinson.

(L.S.) W. Bentinck.
(L.S.) G. A. Hasselaer.
(L.S.) J. V. Borssele.
(L.S.) O. Z. Van-Haren.

ARTICLES SÉPARÉS.

I.

QUELQUES-UNS des Titres employés par les Puiſſances contractantes, ſoit dans les pleins-pouvoirs & autres actes, pendant le cours de la négociation, ſoit dans le préambule du préſent Traité, n'étant pas généralement reconnus, il a été convenu qu'il ne pourroit jamais en réſulter aucun préjudice pour aucune deſdites Parties contractantes; & que les Titres, pris ou omis de part & d'autre, à l'occaſion de ladite négociation & du préſent Traité, ne pourront être cités ni tirés à conſéquence.

I I.

IL a été convenu & arrêté que la Langue Françoiſe employée dans tous les exemplaires du préſent Traité, & qui pourra l'être dans les actes d'acceſſion, ne formera point un exemple qui puiſſe être allegué, ni tiré à conſéquence, ni porter préjudice en aucune manière à aucune des Puiſſances contractantes; & que l'on ſe conformera à l'avenir à ce qui a été obſervé, & doit être obſervé, à l'égard & de la part des Puiſſances qui ſont en uſage & en poſſeſſion de donner & de recevoir des exemplaires de ſemblables traités & actes, en une autre langue que la Françoiſe : le préſent Traité & les acceſſions qui interviendront, ne laiſſant pas d'avoir la même force & vertu que ſi le ſuſdit uſage y avoit été obſervé ; & les préſens articles ſéparés auront pareillement la même force que s'ils étoient inſérés dans le Traité.

En foi de quoy, nous ſouſſignés, Ambaſſadeurs extraordinaires & Miniſtres plénipotentiaires de Sa Majeſté

Très-Chrétienne, de Sa Majesté Britannique & des Seigneurs Etats-généraux des Provinces-unies, avons signé les présens articles séparés, & y avons fait apposer le cachet de nos armes. FAIT à Aix-la-Chapelle, le dix-huit octobre mil sept cens quarante-huit.

(L. S.) S.T SEVERIN D'ARAGON. (L. S.) SANDWICH. (L. S.) W. BENTINCK.
(L. S.) LA PORTE DU THEIL. (L. S.) G. ROBINSON. (L. S.) G. A. HASSELAER.
(L. S.) J. V. BORSSELE.
(L. S.) O. Z. VAN-HAREN.

NOUS, ayant agréables les susdits Traité de paix, & articles séparés, en tous & chacuns les points & articles qui y sont contenus & déclarés, avons iceux, tant pour Nous que pour nos héritiers, successeurs, royaumes, pays, terres, seigneuries & sujets, accepté, approuvé, ratifié & confirmé; & par ces présentes signées de notre main, acceptons, approuvons, ratifions & confirmons; & le tout promettons en foy & parole de Roy, sous l'obligation & hypothèque de tous & un chacun nos biens, présens & à venir, garder & observer inviolablement, sans jamais aller ni venir au contraire, directement ou indirectement, en quelque sorte & manière que ce soit. En témoin dequoi Nous avons fait mettre notre scel à ces présentes. DONNÉ à Fontainebleau, le vingt-septième jour d'octobre, l'an de grace mil sept cens quarante-huit, & de notre regne le trente-quatrième. *Signé* LOUIS. *Et plus bas*, Par le Roy, BRULARD.

Scellé du grand sceau de cire jaune, sur lacs de soie

bleue, tressés d'or, le sceau enfermé dans une boëte d'argent, sur le dessus de laquelle sont empreintes & gravées les armes de France & de Navarre, sous un pavillon royal, soutenu par deux anges.

Ratification du Roy de la grande Bretagne.

GEORGIUS secundus, Dei gratiâ, magnæ Britanniæ, Franciæ & Hiberniæ Rex, fidei defensor, Dux Brunswicensis & Luneburgensis, Sacri Romani Imperii Archithesaurarius & Princeps, Elector, &c: Omnibus & singulis ad quos præsentes hæ litteræ pervenerint, Salutem. Quandoquidem Legati nostri extraordinarii & Plenipotentiarii, Legatique extraordinarii & Plenipotentiarii bonorum amicorum & fœderatorum nostrorum, celsorum ac præpotentium Dominorum ordinum generalium unitarum Belgii provinciarum, ex una parte; ex altera verò Legati extraordinarii & Plenipotentiarii boni fratris nostri Regis Christianissimi, Aquisgrani congressi, atque hinc inde mandatis & autoritate sufficienter instructi atque muniti, tractatum quemdam definitivum pacis generalis, duosque articulos separatos ad dictum tractatum spectantes, die decimo octavo hujusce mensis octobris (stylo novo) anno millesimo septengentesimo quadragesimo octavo, eodem in loco concluserint, signaverintque, formâ tenore & verbis quæ sequuntur.

Fiat insertio.

Nos, visis perpensisque tractatu, duobusque articulis separatis suprà scriptis, eosdem in omnibus & singulis eorumdem articulis & clausulis approbavimus, ratos, gratos, firmosque habuimus, ſicut per præſentes pro nobis, hæredibus & ſucceſſoribus noſtris, eoſdem approbamus, ratos, gratos, firmoſque habemus, ſpondentes, & in verbo regio promittentes, nos omnia & ſingula quæ in prædicto tractatu, duobuſque articulis ſeparatis continentur, ſincerè & bonâ fide præſtituros & obſervaturos; neque permiſſuros unquam, quantum in nobis eſt, ut ea à quopiam violentur, aut ut ullo modo iiſdem in contrarium catur. In quorum omnium majorem fidem & robur, præſentibus manu noſtrâ regiâ ſignatis, magnum noſtrum magnæ Britanniæ ſigillum appendi fecimus. Quæ dabantur in palatio noſtro apud Hanoveriam { *duodecimo* / *viceſimo tertio* } *die menſis octobris, anno Domini milleſimo ſeptingenteſimo quadrageſimo octavo, regnique noſtri viceſimo ſecundo.*

Signé *GEORGIUS R.*

Ratification des E'tats-généraux.

LES E'tats-généraux des Provinces-unies des Pays-bas : A tous ceux qui ces préſentes lettres verront, SALUT. Ayant vû & examiné le traité définitif de paix générale, & deux articles ſéparés, faits & conclus à Aix-la-Chapelle, le dix-huit octobre de la préſente année mil ſept cens quarante-huit, par les Seigneurs Alphonſe-Marie-Louis Comte de Saint Severin d'Aragon, Chevalier des Ordres de Sa Majeſté Très-Chrétienne, & Jean-Gabriel de la Porte du Theil, Chevalier de l'Ordre de Notre-Dame de Montcarmel & de Saint-Lazare de Jéruſalem, Conſeiller du Roy en ſes Conſeils, Secrétaire de la Chambre & du Cabinet de Sa Majeſté, des commandemens de Monſeigneur le Dauphin & de Meſdames de France, Ambaſſadeurs extraordinaires & plénipotentiaires de Sa Majeſté Très-Chrétienne, aux conférences d'Aix-la-Chapelle, au nom & de la part de Sa Majeſté Très-Chrétienne : Par les Seigneurs Jean Comte de Sandwich, Vicomte d'Hinchenbrook, Baron Montagu de Saint Neots, Pair d'Angleterre, premier Seigneur Commiſſaire de l'Amirauté, l'un des Seigneurs Régens du Royaume, Miniſtre Plénipotentiaire de Sa Majeſté Britannique auprès de Nous ; & Thomas Robinſon, Chevalier du très-honorable Ordre du Bain, & Miniſtre Plénipotentiaire de Sa Majeſté Britannique auprès de Sa Majeſté l'Empereur des Romains, & de Sa Majeſté l'Impératrice Reine de Hongrie & de Bohème, Ambaſſadeurs extraordinaires & plénipotentiaires de Sa Majeſté Britannique auxdites conférences d'Aix-la-Chapelle, au nom & de la part de Sa Majeſté Britannique : Et par les Seigneurs Guillaume Comte de Bentinck, Seigneur de Rhoon & Pendrecht, du corps des Nobles de la Province de Hollande & Weſtfriſe, curateur de l'univerſité de Leyden, &c. &c. &c. Gerard-Arnout Haſſelaer Bourg-meſtre & Conſeiller de la ville d'Amſterdam, Directeur de la Compagnie des Indes orientales ; Jean, Baron de Borſſele, premier noble & repréſentant la nobleſſe dans les Etats, au Conſeil & à l'Amirauté de Zélande, Directeur de la Compagnie des Indes orientales ; & Onno Zwier de Haren, Grietman de Weſt-Stellingwerf, Conſeiller député de la Province de Friſe, & Commiſſaire général de toutes les Troupes Suiſſes &

Grisonnes à notre service, Députés respectifs en notre assemblée, & au Conseil d'Etat, de la part des Provinces de Hollande & Westfrise, de Zélande & de Frise, nos Ambassadeurs extraordinaires & plénipotentiaires auxdites conférences d'Aix-la-Chapelle, en notre nom & de notre part, en vertu de leurs pleins-pouvoirs respectifs, desquels traité & articles séparés la teneur s'ensuit:

Fiat insertio.

Et d'autant que le contenu dudit traité porte que les lettres de ratification seront délivrées de part & d'autre en bonne & dûe forme, dans l'espace d'un mois, ou plûtôt s'il est possible, à compter du jour de la signature: Nous, voulant bien donner des marques de notre sincérité & nous acquitter de la parole que nos Ambassadeurs ont donnée pour nous, nous avons agréé, approuvé & ratifié ledit traité, & un chacun des articles d'icelui, comme aussi lesdits articles séparés, ci-dessus transcrits, comme nous les agréons, approuvons & ratifions par ces présentes: Promettant en bonne foi & sincèrement, de les garder, entretenir & observer inviolablement de point en point, selon sa forme & teneur, sans jamais aller ni venir au contraire, directement ni indirectement, en quelque sorte ou manière que ce soit.

En foi de quoi nous avons fait signer ces présentes par le Président de notre assemblée, contre-signer par le premier de nos greffiers, & y attacher notre grand sceau. FAIT à la Haye, le treize novembre mil sept cens quarante-huit. *Signé* E. TAMMINGA (V.[t]) *Et plus bas*, par ordonnance des susdits Seigneurs Etats-généraux.

Signé H. FAGEL.

Plein-pouvoir du Roy.

LOUIS, PAR LA GRACE DE DIEU, ROY DE FRANCE ET DE NAVARRE : A tous ceux qui ces présentes lettres verront. SALUT. Comme nous ne voulons rien omettre de ce qui peut dépendre de nous pour accélerer la consommation du grand & salutaire ouvrage de la paix, & du rétablissement de la tranquillité publique; Nous confiant entièrement en la capacité & expérience, zèle & fidélité pour notre service, de nos chers & bien amés le sieur Comte de Saint Severin d'Aragon, Chevalier de nos Ordres, & le sieur de la Porte du Theil, Conseiller en nos Conseils, Secrétaire de notre chambre & cabinet, & des commandemens de notre très-cher & très-amé fils le Dauphin. Pour ces causes, & autres bonnes considérations à ce nous mouvant, Nous les avons commis & ordonné, & par ces présentes signées de notre main, commettons & ordonnons, & leur avons donné & donnons à l'un & à l'autre conjointement, aussi-bien qu'à l'un d'entr'eux séparément, en cas d'absence ou d'incommodité de l'autre, plein-pouvoir, commission & mandement spécial, pour, en notre nom, en qualité de nos Ambassadeurs extraordinaires & plénipotentiaires, convenir avec les Ambassadeurs & Ministres actuellement assemblés à Aix-la-Chapelle pour la consommation de la paix, munis de pleins-pouvoirs en bonne forme de la part de leurs Maîtres; arrêter, conclurre & signer tels traités, articles & conventions,

conventions, que l'un & l'autre enſemble, ou l'un d'entr'eux, dans leſdits cas d'abſence ou d'incommodité de l'autre, aviſeroit bon être, & principalement le Traité définitif qui rétablira une paix ſolide & une union parfaite entre Nous & les Princes & Etats ci-devant en guerre, ou auxiliaires des Puiſſances belligerantes. Promettant, en foi & parole de Roy, d'avoir agréable, tenir ferme & ſtable à toûjours, accomplir & exécuter ponctuellement, tout ce que ledit ſieur Comte de Saint Severin d'Aragon & ledit ſieur de la Porte du Theil, ou l'un d'entr'eux, dans leſdits cas d'abſence ou d'incommodité de l'autre, auroit ſtipulé, promis & ſigné en vertu du préſent pouvoir, ſans jamais y contrevenir, ni permettre qu'il y ſoit contrevenu, pour quelque cauſe, ou ſous quelque prétexte que ce puiſſe être; comme auſſi d'en faire expédier nos lettres de ratification en bonne forme, pour être échangées dans les temps dont il ſera convenu : CAR TEL EST NOTRE PLAISIR. En témoin de quoi Nous avons fait mettre notre ſcel à ceſdites préſentes. DONNÉ à Fontainebleau, le ſeptième jour d'octobre, l'an de grace mil ſept cens quarante-huit, & de notre regne le trente-quatrième. *Signé* LOUIS. *Et ſur le repli,* Par le Roy, BRULART. Et ſcellé du grand ſceau de cire jaune.

Plein-pouvoir du Roy de la grande Bretagne.

GEORGIUS ſecundus, Dei gratiâ, Magnæ Britanniæ, Franciæ & Hiberniæ Rex, fidei defenſor, Dux Brunſwici & Luneburgi, Sacri Romani Imperii Archithеſaurarius &

Princeps, Elector, &c: Omnibus & singulis ad quos præsentes hæ litteræ pervenerint, Salutem. Cùm ad perficienda pacis generalis negotia tam feliciter inchoata, eademque ad finem exoptatum quantocius perducenda, nobis è re visum sit viros quosdam idoneos Legatorum nostrorum extraordinariorum & Plenipotentiariorum titulo & munere, in congressu jam instituto, insignire; sciatis igitur quod nos, fide, judicio, atque in rebus maximi momenti tractandis usu ac solertia per quam fidelis & prædilecti consanguinei nostri Johannis Comitis de Sandwich, necnon fidelis & dilecti nobis Thomas Robinson honoratissimi ordinis nostri de Balneo Equitis, & Ministri nostri ad bonam sororem nostram Germaniæ Imperatricem, Hungariæ Bohemiæque Reginam, Plenipotentiarii, plurimùm confisi, eosdem nominavimus, fecimus, constituimus & ordinavimus, quemadmodum per præsentes nominamus, facimus, constituimus & ordinamus Legatos nostros extraordinarios, verosque, certos & indubitatos Ministros, Commissarios, Deputatos, Procuratores & Plenipotentiarios; dantes eisdem, aut alterutri eorum, conjunctim vel separatim, omnem & omnimodam potestatem, facultatem, auctoritatemque, necnon mandatum generale, pariter ac speciale (ita tamen ut generale speciali non deroget, nec è contrà) Aquisgranum, vel alium quemcunque locum ubi pacis & tranquillitatis præmemoratæ tractatus & negotiationes institui & celebrari contigerit, adeundi, ibique pro nobis & nomine nostro, unà cum Legatis, Commissariis, Deputatis & Plenipotentiariis Principum & Statuum quorum interesse poterit, sufficienti itidem potestate atque auctoritate instructis, tàm singulatim ac divisim, quàm aggregatim ac conjunctim, congrediendi & colloquendi, atque cum ipsis de pace firmâ & stabili, sincerâque amicitiâ & concordiâ quantocius restituendi, conveniendi, tractandi, consulendi & concludendi, idque omne quod ita conventum & conclusum fuerit, pro nobis & nostro nomine subsignandi, atque tractatum tractatusve super ita conventis & conclusis conficiendi, omniaque alia quæ ad opus supradictum feliciter exequendum pertinent, transigendi, tàm amplis modo & formâ, ac vi effectuque pari, ac nos, si interessemus, facere & præstare possemus: spondentes, & in verbo regio promittentes, nos omnia & singula quæcumque à dictis nostris Legatis extraordinariis & Plenipotentiariis, aut eorum alterutro, transigi & concludi contigerit, gratum, ratum & acceptum, omni meliori modo habituros, neque passuros unquam ut in toto, vel in parte, à quopiam violentur, aut ut iis in contrarium eatur. In quorum omnium majorem fidem & robur, præsentibus manu nostrâ regiâ signatis, magnum nostrum magnæ Britanniæ sigillum appendi fecimus. Quæ dabantur Palatio nostro apud Herrnhausen {tricesimo / decimo} die mensis {Julii / Augusti}, anno Domini millesimo septingentesimo quadragesimo octavo, regnique nostri vicesimo secundo.

Plein-pouvoir des E'tats-généraux.

LES E'tats-généraux des Provinces-unies des Pays-bas: A tous ceux qui ces présentes verront, SALUT. Comme Nous ne souhaitons rien plus ardemment que de voir finir, par une bonne paix, la guerre dont la Chrétienté est à présent affligée, & que la ville d'Aix-la-Chapelle a été agréée pour le lieu des conférences : Nous, par ce même desir d'arrêter, autant qu'il sera en nous, la désolation de tant de provinces, & l'effusion de tant de sang chrétien, avons bien voulu y contribuer tout ce qui dépend de nous; & pour cet effet, députer à ladite assemblée quelques personnes du corps de la nôtre, qui ont donné plusieurs preuves de la connoissance & expérience qu'ils ont des affaires publiques, aussi-bien que de l'affection qu'ils ont pour le bien de notre E'tat.

Et comme les sieurs Guillaume Comte de Bentinck, Seigneur de Rhoon & Pendrecht, du corps des Nobles de la province de Hollande & de Westfrise, Curateur de l'Université de Leyden, &c. &c. &c. Frederic-Henri Baron de Wassenaer, Seigneur de Catwyke & Zand, du corps des Nobles de la province de Hollande & de Westfrise, Hoogheemrade de Rhynlande, &c. &c. &c. Gerard-Arnout Hasselaer, E'chevin & Sénateur de la ville d'Amsterdam, Directeur de la Compagnie des Indes orientales; & Onno Zwier de Haren, Grietman de West-Stellingwerf, Conseiller député de la province de Frise, & Commissaire général de toutes les troupes Suisses & Grisonnes à notre service, Députés respectifs en notre Assemblée & au Conseil d'E'tat, de la part des provinces de Hollande & Westfrise & de Frise, se sont signalés en plusieurs emplois importans pour notre service, où ils ont donné des marques de leur fidélité, application & adresse au maniement des affaires. Pour ces causes, & autres bonnes considérations à ce nous mouvant, Nous avons commis, ordonné & député lesdits sieurs de Bentinck, Wassenaer, Hasselaer & de Haren, commettons, ordonnons & députons par ces présentes, & leur avons donné & donnons plein-pouvoir, commiſſion & mandement ſpécial d'aller à Aix-la-Chapelle, en qualité de nos Ambaſſadeurs extraordinaires & plénipotentiaires pour la paix, & d'y conférer avec les Ambaſſadeurs extraordinaires & plénipotentiaires de Sa Majeſté Très-Chrétienne & ſes Alliés, munis de pouvoirs ſuffiſans, & y traiter des moyens de terminer & pacifier les différends qui cauſent aujourd'hui la guerre. Et pourront noſdits Ambaſſadeurs extraordinaires & plénipotentiaires, tous enſemble, ou quelques-uns, ou quelqu'un d'entr'eux, en cas de l'abſence des autres par maladie ou autre empêchement, en convenir, & ſur iceux conclure & ſigner une bonne & ſûre paix, & généralement faire, négocier, promettre & accorder tout ce qu'ils eſtimeront néceſſaire pour le ſuſdit effet de la paix ; & de faire généralement tout ce que nous pourrions faire, ſi nous y étions préſens, quand même, pour cela, il ſeroit beſoin de pouvoir & mandement plus ſpécial non contenu dans ceſdites préſentes.

Promettant ſincèrement & de bonne foi, d'avoir pour agréable, ferme & ſtable, tout ce que par leſdits ſieurs nos Ambaſſadeurs extraordinaires & plénipotentiaires, ou bien par quelques-uns, ou quelqu'un d'entr'eux, en cas de maladie, d'abſence ou autre empêchement des autres, aura été ſtipulé, promis & accordé; & d'en faire expédier nos lettres de ratification, dans le temps qu'ils auront promis en notre nom de les fournir. DONNÉ à la Haye, en notre Aſſemblée, ſous notre grand ſceau, le paraphe du Préſident de notre Aſſemblée,

& le feing de notre premier Greffier, le huitième de mars, l'an mil fept cens quarante-huit. *Signé* H. VAN ISSELMUDEN (V.^t) *Et plus bas,* par ordonnance des fufdits Seigneurs E'tats-généraux. *Signé* H. FAGEL.

Autre Plein-pouvoir des E'tats-généraux.

LES E'tats-généraux des Provinces-unies des Pays-bas: A tous ceux qui ces préfentes verront, SALUT. Comme Nous ne fouhaitons rien plus ardemment que de voir finir, par une bonne paix, la guerre dont la Chrétienté eft à préfent affligée, & que la ville d'Aix-la-Chapelle a été agréée pour le lieu des conférences: Nous, par ce même defir d'arrêter, autant qu'il fera en nous, la défolation de tant de provinces, & l'effufion de tant de fang chrétien, avons bien voulu y contribuer tout ce qui dépend de nous; & pour cet effet nous avons déjà député ci-devant à ladite affemblée quelques perfonnes du corps de la nôtre, qui ont donné plufieurs preuves de la connoiffance & expérience qu'ils ont des affaires publiques, auffi-bien que de l'affection qu'ils ont pour le bien de notre E'tat; à favoir, les fieurs Guillaume Comte de Bentinck, Seigneur de Rhoon & Pendrecht, du corps des Nobles de la province de Hollande & de Weftfrife, Curateur de l'Univerfité de Leyden, &c. Frederic-Henri Baron de Waffenaer, Seigneur de Catwyke & Zand, du corps des Nobles de la province de Hollande & de Weftfrife, Hoogheemrade de Rhynlande, &c. Gerard-Arnout Haffelaer, E'chevin & Sénateur de la ville d'Amfterdam,

Directeur de la Compagnie des Indes orientales ; & Onno Zwier de Haren, Grietman de West-Stellingwerf, Conseiller député de la province de Frise, & Commissaire général de toutes les troupes Suisses & Grisonnes à notre service, Députés respectifs en notre Assemblée & au Conseil d'Etat, de la part des provinces de Hollande & Westfrise & de Frise. Et comme à présent Nous avons jugé à propos de joindre une cinquième personne aux quatre sieurs susnommés pour ce même effet; & que le sieur Jean Baron de Borssele, premier Noble & représentant la Noblesse dans les Etats, au Conseil & à l'Amirauté de Zélande, Directeur de la Compagnie des Indes orientales, & Député en notre Assemblée de la part de ladite province de Zélande, s'est signalé en plusieurs emplois importans pour notre service, où il a donné des marques de sa fidélité, application & adresse au maniement des affaires. Pour ces causes, & autres bonnes considérations à ce nous mouvant, Nous avons commis, ordonné & député ledit sieur de Borssele, commettons, ordonnons & députons par ces présentes, & lui avons donné & donnons plein-pouvoir, commission & mandement spécial d'aller à Aix-la-Chapelle, en qualité de notre Ambassadeur extraordinaire & plénipotentiaire pour la paix, & d'y conférer avec les Ambassadeurs extraordinaires & plénipotentiaires de Sa Majesté Très-Chrétienne & ses Alliés, munis des pouvoirs suffisans, & y traiter des moyens de terminer & pacifier les différends qui causent aujourd'hui la guerre. Et pourra notredit Ambassadeur extraordinaire &

plénipotentiaire, enſemble avec leſdits ſieurs de Bentinck, de Waſſenaer, Haſſelaer & de Haren, nos quatre autres Ambaſſadeurs extraordinaires & plénipotentiaires, ou avec quelques-uns, ou quelqu'un d'entr'eux, ou même ſeul, en cas de l'abſence des autres par maladie ou autre empêchement, en convenir, & ſur iceux conclure & ſigner une bonne & ſûre paix, & généralement faire, négocier, promettre & accorder tout ce qu'il eſtimera néceſſaire pour le ſuſdit effet de la paix; & de faire généralement tout ce que nous pourrions faire, ſi nous y étions préſens, quand même pour cela il ſeroit beſoin de pouvoir & mandement plus ſpécial non contenu dans ceſdites préſentes. Promettant ſincèrement & de bonne foi, d'avoir pour agréable, ferme & ſtable, tout ce que par ledit ſieur de Borſſele, enſemble avec nos quatre autres Ambaſſadeurs extraordinaires & plénipotentiaires, ou bien quelques-uns, ou quelqu'un d'entr'eux, ou par lui ſeul, en cas de maladie, d'abſence, ou autre empêchement des autres, aura été ſtipulé, promis & accordé; & d'en faire expédier nos lettres de ratification, dans le temps qu'il aura promis en notre nom de les fournir. DONNÉ à la Haye, en notre Aſſemblée, ſous notre grand ſceau, le paraphe du Préſident de notre Aſſemblée, & le ſeing de notre premier Greffier, le vingt-cinq avril mil ſept cens quarante-huit. *Signé* H. V. HAMERSTER (V.t) *Et plus bas*, par ordonnance des ſuſdits Seigneurs Etats-généraux. *Signé* H. FAGEL.

Acceſſion

Acceſſion du Roy d'Eſpagne.

LOUIS, PAR LA GRACE DE DIEU, ROY DE FRANCE ET DE NAVARRE: A tous ceux qui ces préſentes Lettres verront, SALUT. Comme nos chers & bien amés les ſieurs Comte de Saint Severin d'Aragon, Chevalier de nos Ordres; & la Porte du Theil, Chevalier de l'Ordre de Notre-Dame de Montcarmel & de Saint Lazare de Jéruſalem, Conſeiller en nos Conſeils, Secrétaire de notre Chambre & Cabinet, & des Commandemens de notre très-cher & très-amé fils le Dauphin, & de nos très-chères & très-amées filles, en vertu du Plein-pouvoir que nous leur en avons donné, auroient, en qualité de nos Ambaſſadeurs extraordinaires, & Miniſtres plénipotentiaires aux conférences d'Aix-la-Chapelle, conclu, arrêté & ſigné le 20 du préſent mois d'octobre, avec le ſieur de Maſones de Lima y Soto Mayor, Gentilhomme de la Chambre de notre très-cher & très-amé frère & couſin le Roy d'Eſpagne, Maréchal de Camp de ſes armées, ſon Ambaſſadeur extraordinaire, & Miniſtre plénipotentiaire auxdites Conférences, auſſi muni de ſon plein-pouvoir, un acte contenant d'une part l'acceſſion de notredit frère & couſin le Roy d'Eſpagne au Traité & articles ſéparés, conclus & ſignés en la ville d'Aix-la-Chapelle le 18 du même mois d'octobre, en notre nom & en celui de notre très-cher & très-amé frère le Roy de la grande Bretagne, Electeur de Hanover, & de nos très-chers & grands amis les Etats-généraux des Provinces-unies des Pays-bas; & de l'autre, l'acceptation faite en notre nom de ladite accession, duquel acte la teneur s'ensuit.

Au nom de la très-sainte & indivisible Trinité, Père, Fils, & Saint-Esprit. Ainsi soit-il.

SOIT notoire à tous ceux qu'il appartiendra, ou peut appartenir. Les Ambassadeurs & Plénipotentiaires de Sa Majesté Très-Chrétienne, de Sa Majesté Britannique, & des hauts & puissans Seigneurs les Etats-généraux des Provinces-unies, ayant conclu & signé à Aix-la Chapelle le dix-huit octobre de cette année, un Traité de paix définitif, & deux articles séparés, desquels Traité & articles séparés la teneur s'ensuit.

Fiat insertio.

Et lesdits Ambassadeurs & Plénipotentiaires ayant amiablement invité l'Ambassadeur extraordinaire & plénipotentiaire de Sa Majesté Catholique d'y accéder au nom de Sadite Majesté.

Les Ambassadeurs soussignés, savoir; de la part du sérénissime & très-puissant Prince LOUIS XV, par la grace de Dieu Roy de France & de Navarre, les Seigneurs Alphonse-Marie-Louis, Comte de Saint Severin d'Aragon, Chevalier de ses Ordres; & Jean-Gabriel de la Porte du Theil, Chevalier de l'Ordre de Notre-Dame de Montcarmel & de Saint-Lazare de Jérusalem, Conseiller du Roy en ses Conseils, Secrétaire de la Chambre & du Cabinet de Sa Majesté, des Commandemens de Monseigneur le Dauphin & de Mesdames de France: & de la part du sérénissime & très-puissant Prince FERDINAND VI, par la grace de Dieu, Roy d'Espagne & des Indes, le Seigneur Don Jacques Masones de Lima y Soto Mayor, Gentilhomme de la Chambre de Sadite Majesté Catholique, & Maréchal-de-Camp de ses armées; en vertu de leurs pleins-pouvoirs qu'ils se sont communiqués, & dont copies seront ajoûtées à la fin du présent Acte, sont convenus de ce qui suit.

Que Sa Majesté Catholique desirant contribuer & concourir à rétablir & affermir au plûtôt le repos de l'Europe, accède, en vertu du présent Acte, auxdits Traité & deux articles séparés, sans aucune réserve ou exception, dans la ferme confiance que tout ce qui y est promis à Sadite Majesté, sera accompli de bonne foi; déclarant en même temps, & promettant qu'elle accomplira de même de la meilleure foi tous les articles, clauses & conditions qui la concernent.

De même, Sa Majesté Très-Chrétienne accepte la présente accession de Sa Majesté Catholique, & promet pareillement d'accomplir, sans aucune réserve ou exception, tous les articles, clauses & conditions contenus dans ledit Traité, & les deux articles séparés ci-dessus insérés.

Les Ratifications du présent Acte seront échangées en

cette ville d'Aix-la-Chapelle, dans l'espace d'un mois, à compter de ce jour.

En foi de quoi, nous Ambassadeurs extraordinaires & plénipotentiaires de Sa Majesté Très-Chrétienne, & de Sa Majesté Catholique, avons signé le présent Acte, & y avons fait apposer le cachet de nos armes. FAIT à Aix-la-Chapelle, le vingt octobre mil sept cens quarante-huit.

(L. S.) S.T SEVERIN D'ARAGON.

(L. S.) LA PORTE DU THEIL.

(L. S) DON JAIME MASONES DE LIMA Y SOTO MAYOR.

NOUS, ayant agréable le susdit Acte d'accession & d'acceptation, en tous & chacuns les points & articles qui y sont contenus & déclarés, avons icelui, tant pour Nous que pour nos héritiers, successeurs, royaumes, pays, terres, seigneuries & sujets, accepté, approuvé, ratifié, & confirmé; & par ces présentes signées de notre main, acceptons, approuvons, ratifions & confirmons; & le tout promettons en foi & parole de Roy, de garder sincèrement & inviolablement, sans jamais aller ni souffrir qu'il soit allé au contraire, directement ou indirectement, en quelque sorte & manière que ce soit, & pour quelque cause que ce puisse être. En témoin de quoi Nous avons fait mettre notre scel à ces présentes. DONNÉ à Fontainebleau, le vingt-neuvième jour d'octobre, l'an de grace mil sept cens quarante-huit, & de notre regne le trente-quatrième. *Signé* LOUIS. *Et plus bas,* Par le Roy, BRULART.

Scellé du grand ſceau de cire jaune, ſur lacs de ſoie bleue, treſſés d'or, le ſceau enfermé dans une boëte d'argent, ſur le deſſus de laquelle ſont empreintes & gravées les armes de France & de Navarre, ſous un pavillon royal, ſoutenu par deux anges.

Ratification du Roy d'Eſpagne.

DON FERNANDO, por la gracia de Dios, Rey de Caſtilla, de Leon, de Aragon, de las dos Sicilias, de Jeruſalem, de Navarra, de Granada, de Toledo, de Valencia, de Galicia, de Mallorca, de Sevilla, de Cerdeña, de Cordova, de Corcega, de Murcia, de Jaën, de los Algarves, de Algecira, de Gibraltar, de las Iſlas de Canaria, de las Indias orientales y occidentales, Iſlas y tierra firme del mar Occeano, Archiduque de Auſtria, Duque de Borgoña, de Brabante y Milan, Conde de Abſpurg, de Flandes, Tirol y Barcelona, Señor de Viſcaya y de Molina, &c. Por quanto habiendoſe, ajuſtado, concluydo y firmado en Aix-la-Chapelle, en veynte de octubre de eſte año, por mi Embaxador extraordinario plenipotenciario, y por los de los ſereniſſimos y potentiſſimos Principes Rey Chriſtianiſſimo, Rey de la Gran Bretaña, y los de los Señores Eſtados-generales de las Provincias-unidas, el acto de mi acceſſion al Tratado de paz definitivo, y dos articulos ſeparados, que en conſequencia de los articulos preliminares que se firmaron en treynta de avril del citado año, a que accedimos, han combenido, concluido y firmado los referidos Embaxadores de los serenissimos y potentissimos Principes Rey Christianissimo, Rey de la gran Bretaña, y de los Señores Estados-generales de las Provincias-unidas en dies-y-ocho de octubre del presente año, cuyo tenor del referido Tratado, articulos separados y acto de accession, que palabra por palabra es como se sigue.

Fiat insertio.

Por tanto, habiendo visto, y examinado el referido acto de mi accession al expressado Tratado definitivo de paz, y articulos separados, hè venido en approbar, y ratificar, como en virtud de la presente appruebo y ratifico dicho acto de mi accession al expressado Tratado, y articulos separados, en la mejor y mas amplia forma que puedo: prometiendo, en fè de mi palabra real, de cumplirlos enteramente, como en ellos se contiene y expressa. Para cuya firmeza y validacion, mande despachar la presente, firmada de mi mano, sellada con mi sello secreto, y refrendada de mi infrascripto consegero de Estado, y Secretario de Estado y del despacho de guerra, hacienda, marina y Indias. Dada en San-Lorenzo el Real, a primero de noviembre de mil setecientos quarenta y ocho.

(L. S.) YO EL REY.

CENON DE SOMO DE VILLA.

Plein-pouvoir du Roy d'Espagne.

DON FERNANDO, por la gracia de Dios, Rey de Castilla, de Leon, de Aragon, de las dos Sicilias, de

Jerusalem, de Navarra, de Granada, de Toledo, de Valencia, de Galicia, de Mallorca, de Sevilla, de Cerdeña, de Cordova, de Corcega, de Murcia, de Jaën, de los Algarves, de Algecira, de Gibraltar, de las Islas de Canaria, de las Indias orientales y occidentales, Islas y tierra firme del mar Occeano, Archiduque de Austria, Duque de Borgoña, de Brabante y Milan, Conde de Abspurg, de Flandes, de Tirol y Barcelona, Señor de Viscaya y de Molina, &c. Por quanto ha sido mi mas fervoroso anhelo, desde que la divina Providencia me fio el govierno de los vastos dominios de mi corona, el terminar decorosamente el empeño en que halle mis armas, y en concurrir a dar la paz a la Europa, por todos los justos medios que pareciesen los mas proporcionados a aquel fin: y por quanto he sabido que se juntan en Aix-la-Chapelle, con ygual intento de una commun pacificacion, varios Ministros, singularmente los de las Potencias oy belligerantes. Portanto, siendo preciso que assista por mi parte, uno que este dotado de la fidelidad, zelo y inteligencia que se requieren; y reconociendo en vos, Don Jaime Masones de Lima, Gentilhombre de mi camara, y Mariscal de campo de mis exercitos, estas especiales y distinguidas prendas; os elijo y nombro, para que revestido del caracter de mi Embaxador extraordinario plenipotenciario, acudais en mi nombre y representando mi propria persona, acudais al mencionado parage de Aix-la-Chapelle, y que trateis y confirais con el Ministro o Ministros de las Potencias oy belligerantes, que alli residen o que en adelante residieren alli, o donde se combiniere trattar, y para que del mismo modo concluyais y firmeis con ellos el tratado o tratados que condugeren al unico objeto de venir a una ſolida y honroſa paz; y todo lo que aſſi trateis, concluyais y firmeis, lo doy deſde a hora por grato y rato; y prometo bajo mi real palabra, que lo obſervaré y cumpliré, y lo haré obſervar y cumplir, como ſi por mi miſmo lo hubiera tratado y conferido, concluido y firmado, para lo qual os doy toda mi facultad y pleno poder, en la mas amplia forma que de derecho ſe neceſſita. Y en fé de ello, hice expedir el preſente, firmado de mi mano, ſellado con mi ſello ſecreto, y refrendado por mi infraſcripto, conſegero y Secretario de Eſtado y del deſpacho univerſal de guerra, hacienda, Indias y Marina. En Aranjuez, à doce de maio de mil ſetecientos quarenta y ocho.

(L. S.) YO EL REY.

CENON DE SOMO DE VILLA.

Acceſſion de l'Impératrice Reine de Hongrie & de Bohème.

LOUIS, PAR LA GRACE DE DIEU, ROY DE FRANCE ET DE NAVARRE: A tous ceux qui ces préſentes Lettres verront, SALUT. Comme nos chers & bien amés les ſieurs Comte de Saint Severin d'Aragon, Chevalier de nos Ordres; & la Porte du Theil, Chevalier de l'Ordre de Notre-Dame de Montcarmel & de Saint Lazare de Jéruſalem, Conſeiller en nos Conſeils, Secrétaire de de notre Chambre & Cabinet, & des Commandemens de notre très-cher & très-amé fils le Dauphin, & de nos très-chères & très-amées filles, en vertu du Plein-pouvoir que nous leur en avons donné, auroient, en qualité de nos Ambaſſadeurs extraordinaires & Miniſtres plénipotentiaires aux conférences d'Aix-la-Chapelle, conclu, arrêté & ſigné le 23 du préſent mois d'octobre, avec le ſieur Comte de Kaunitz-Rittberg, Ambaſſadeur & Miniſtre plénipotentiaire de notre très-chère & très-amée ſœur l'Impératrice Reine de Hongrie & de Bohème, auxdites Conférences, auſſi muni de ſon plein-pouvoir, un Acte contenant l'acceſſion de notredite ſœur l'Impératrice Reine de Hongrie & de Bohème, au Traité & articles ſéparés, conclus & ſignés en la ville d'Aix-la-Chapelle le 18 du même mois d'octobre, en notre nom & en celui de notre très-cher & très-amé frère le Roy de la grande Bretagne, & de nos très-chers & grands amis les Etats-généraux des Provinces-unies des Pays-bas; & auſſi l'acceptation faite en notre nom, de ladite acceſſion, duquel acte la teneur s'enſuit.

Au nom de la très-ſainte & indiviſible Trinité, Père, Fils, & Saint-Eſprit. Ainſi ſoit-il.

SOIT notoire à tous ceux qu'il appartiendra, ou peut appartenir. Les Ambaſſadeurs extraordinaires & plénipotentiaires de Sa Majeſté Très-Chrétienne, de Sa

Majeſté Britannique, & des hauts & puiſſans Seigneurs les Etats-généraux des Provinces-unies, ayant conclu & ſigné en cette ville d'Aix-la-Chapelle le 18 du préſent mois d'octobre, ſur le fondement des Préliminaires convenus & arrêtés d'abord entr'eux le 30 avril de cette année, un Traité général & définitif de paix, & deux articles ſeparés ; deſquels traité & articles ſéparés la teneur s'en ſuit.

Fiat inſertio.

Et leſdits Ambaſſadeurs extraordinaires & plénipotentiaires, ayant amiablement invité l'Ambaſſadeur extraordinaire & plénipotentiaire de Sa Majeſté l'Impératrice Reine de Hongrie & de Bohème, d'y accéder au nom de Sadite Majeſté.

Les Ambaſſadeurs ſouſſignés, ſavoir, de la part du ſéréniſſime & très-puiſſant Prince Louis XV, par la grace de Dieu, Roy très-chrétien de France & de Navarre, les Seigneurs Alphonſe-Marie-Louis Comte de Saint Severin-d'Aragon, Chevalier de ſes Ordres, & Jean-Gabriel de la Porte du Theil, Chevalier de l'Ordre de Notre-Dame de Montcarmel & de Saint Lazare de Jéruſalem, Conſeiller du Roy en ſes Conſeils, Secrétaire de la Chambre & du Cabinet de Sa Majeſté, des Commandemens de Monſeigneur le Dauphin & de Meſdames de France ; & de la part de la ſéréniſſime & très-puiſſante Princeſſe Marie-Thérèſe, par la grace de Dieu, Reine de Hongrie & de Bohème, Impératrice, le Seigneur Wenceſlas-Antoine Comte de Kaunitz-Rittberg, Seigneur de Eſſens, Steteſdorf, Witmund,

Aufterlitz, Hungrifchbrod, Wiete, &c. Confeiller d'état intime actuel de leurs Majeftés Impériales ; en vertu de leurs pleins-pouvoirs, qu'ils fe font communiqués, & dont copies font ajoûtées à la fin du préfent acte, font convenus de ce qui fuit.

Que Sa Majefté l'Impératrice Reine de Hongrie & de Bohème, defirant contribuer & concourir à rétablir & affermir au plûtôt le repos de l'Europe, accède, en vertu du préfent Acte, audit Traité & deux articles féparés, fans aucune réferve ni exception ; dans la ferme confiance que tout ce qui y eft promis à Sadite Majefté, fera accompli de bonne foi : déclarant en même temps, & promettant qu'elle accomplira de même, de la meilleure foi, tous les articles, claufes & conditions qui la concernent.

De même Sa Majefté Très-Chrétienne accepte la préfente acceffion de l'Impératrice Reine de Hongrie & de Bohème, & promet pareillement d'accomplir, fans aucune réferve ni exception, tous les articles, claufes & conditions contenus dans ledit Traité, & les deux articles féparés, ci-deffus inférés.

Les Ratifications du préfent Acte feront échangées, en cette ville d'Aix-la-Chapelle, dans l'efpace de trois femaines, à compter de ce jour.

En foi de quoi, nous Ambaffadeurs extraordinaires & plénipotentiaires du Roy Très-Chrétien, & de l'Impératrice Reine de Hongrie & de Bohème, avons figné le préfent Acte, & y avons fait appofer le cachet de nos armes. FAIT à Aix-la-Chapelle, le vingt-trois octobre mil ſept cens quarante-huit.

(L. S.) S.T SEVERIN D'ARAGON. (L. S.) LE C.TE V. A. DE KAUNITZ-RITTBERG.
(L. S.) LA PORTE DU THEIL.

NOUS, ayant agréable le ſuſdit Acte d'acceſſion & d'acceptation, en tous & chacuns les points & articles qui y ſont contenus & déclarés, avons icelui, tant pour Nous que pour nos héritiers, ſucceſſeurs, royaumes, pays, terres, ſeigneuries & ſujets, accepté, approuvé, ratifié & confirmé; & par ces préſentes ſignées de notre main, acceptons, approuvons, ratifions & confirmons; & le tout promettons en foi & parole de Roi, de garder ſincèrement & inviolablement, ſans jamais aller, ni ſouffrir qu'il ſoit allé au contraire, directement ou indirectement en quelque ſorte & manière que ce ſoit, & pour quelque cauſe que ce puiſſe être. En témoin de quoi Nous avons fait mettre notre ſcel à ces préſentes. DONNÉ à Fontainebleau, le trente-un octobre, l'an de grace mil ſept cens quarante-huit, & de notre regne le trente-quatrième. *Signé* LOUIS. *Et plus bas,* Par le Roy, BRULART.

Scellé du grand ſceau de cire jaune, ſur lacs de ſoie bleue, treſſés d'or, le ſceau enfermé dans une boëte d'argent, ſur le deſſus de laquelle ſont empreintes & gravées les armes de France & de Navarre, ſous un pavillon royal, ſoutenu par deux anges.

Ratification de l'Impératrice Reine de Hongrie & de Bohème.

Nos, Maria Theresia, Dei gratiâ, Romanorum Imperatrix, ac Germaniæ, Hungariæ, Bohemiæ, Dalmatiæ, Croatiæ, Slavoniæque, &c. Regina; Archidux Austriæ, Dux Burgundiæ, Brabantiæ, Mediolani, Styriæ, Carintiæ, Carnioliæ, Mantuæ, Parmæ & Placentiæ, Limburgiæ, Lucemburgiæ, Geldriæ, Wurtembergæ, superioris & inferioris Silesiæ, Princeps Sueviæ & Transilvaniæ, Marchio sacri Romani Imperii, Burgoviæ, Moraviæ, superioris & inferioris Lusatiæ, Comes Habspurgi, Flandriæ, Tirolis, Ferretis, Kiburgi, Goritiæ, Gradiscæ & Arthesiæ, Comes Namurci, Domina Marchiæ Slavonicæ, portûs Naonis, Salinarum & Mechliniæ, &c. Lotharingiæ & Barri Dux, magna Dux Hetruriæ, &c. Notum testatumque, vigore præsentium, facimus. Cùm post conclusos, trigesimâ aprilis die hujus anni, articulos præliminares, quibus post hæc tum nos, tum reliqui ultimo funesto bello impliciti Principes accesserunt, in concludendo solemni & uti vocant, definitivo Pacis tractatu diù desudatum, ac is deniquè decimâ octavâ elapsi octobris die, pariter à Ministris plenipotentiariis & Legatis extraordinariis serenissimi & potentissimi Principis Domini Ludovici decimi-quinti, Franciæ, Navarræque Regis Christianissimi; & serenissimi ac potentissimi Principis Domini Georgii secundi, magnæ Britanniæ Regis, Ducis Brunsvicensis & Luneburgensis, sacrique Romani Imperii Electoris; nec non celsorum & potentium Statuum Generalium unitarum fœderati Belgii Provinciarum subscrip-

tus ac ſignatus ſit: Poſt hæc autem, noſtro quoque nomine, juxtà ſtabilitam priùs cum præfatis Miniſtris plenipotentiariis & Legatis extraordinariis normam, Miniſter noſter plenipotentiarius & Legatus extraordinarius antè memorato definitivo Pacis tractatui ſolemni ritu acceſſerit, & acceſſionis inſtrumentum ſubſcripſerit, ſignaverit & extradiderit ſequentis tenoris.

Fiat inſertio.

Nos, viſo perpenſoque, tam definitivi Pacis tractatus, quam præinſerti acceſſionis inſtrumenti tenore, utrumque & quicquid inibi continetur, plenè ratihabuimus & approbavimus, ſicuti vigore præſentium plenè ratihabemus & approbamus; verbo Cæſareo, Regio & Archiducali Spondentes, Nos omnes & ſingulos qui inibi continentur, articulos & conditiones, firmiter & religiosè obſervaturas & impleturas; neque permiſſuras eſſe, ut illis à noſtris, ullo unquam tempore, contraveniatur. In quorum fidem majuſque robur, præſens Ratificationis inſtrumentum propriâ manu ſubſcripſimus, ſigilloque noſtro cæſareo, regio & archiducali pendente, firmari juſſimus. Datum in civitate noſtrâ Viennæ, die tertiâ novembris, anno 1748, regnorum noſtrorum nono.

Signé *MARIA THERESIA.*

C. Comes ab ULFELD.

Ad mandatum ſac. cæſ. regiæq. Majeſtatis proprium,
JOH. CHRISTOPHORUS BARTENSTEIN.

Plein-pouvoir de l'Impératrice Reine de Hongrie & de Bohême.

NOS, MARIA THERESIA, Dei gratiâ, Romanorum Imperatrix, ac Germaniæ, Hungariæ, Bohemiæ, Dalmatiæ, Croatiæ, Slavoniæque, &c. Regina; Archidux Austriæ, Dux Burgundiæ, Brabantiæ, Mediolani, Styriæ, Carinthiæ, Carnioliæ, Mantuæ, Parmæ & Placentiæ, Limburgiæ, Lucemburgiæ, Geldriæ, Wurtembergæ, superioris & inferioris Silesiæ, Princeps Sueviæ & Transilvaniæ, Marchio sacri Romani Imperii, Burgoviæ, Moraviæ, superioris & inferioris Lusatiæ, Comes Habspurgi, Flandriæ, Tirolis, Ferretis, Kyburgi, Goritiæ, Gradiscæ & Arthesiæ, Comes Namurci, Domina Marchiæ Slavonicæ, portûs Naonis, Salinarum & Mechliniæ, &c. Lotharingiæ & Barri Dux, magna Dux Hetruriæ, &c. &c. Notum testatumque, vigore præsentium, facimus. Cùm relatum nobis sit dissoluto qui Bredæ institutus fuerat, Pacis congressu, inter Ministros Principum præsenti bello implicitorum, plenâ eum in finem facultate munitos, super mediis exorta dissidia componendi & quietem reducendi, Aquisgrani conferentias habitum iri; nihilque nobis magis curæ cordique sit, quam tam exoptatum scopum quo citiùs eo meliùs, quoque fieri potest firmiore modo, quantum penes nos est promovere sine morâ, nostrâ quoque ex parte ad opus adeò salutare peragendum; Ministros plenipotentiarios, oratorum insuper charactere condecoratos, ablegare constituimus: Confisæ itaque plurimùm expertæ sæpiùs fidei, rerum tractandarum experimento, insignique prudentiæ, tùm viri illustris & magnifici Consiliarii nostri actualis intimi Wenceslai Antonii, ex sacri Romani Imperii Comitibus de Kaunitz & Rittberg; tùm viri magnifici nostri Camerarii, regiminis anterioris Austriæ Consiliarii, & ad celsos ac Potentes ordines generales unitarum Belgii provinciarum ablegati Thaddæi Liberi Baronis à Reischach, iisdem & unicuique eorum, tàm oratoris nostri characterem, quàm plenam facultatem elargitæ sumus, sicuti vigore præsentium tùm ambobus, tùm unicuique eorum altero forsan absente vel impedito, quâ fieri potest amplissimâ ratione elargimur; idque eum in finem, ut vel ambo, vel unusquisque eorum altero forsan impedito vel absente, junctâ cum sociis nostris eorumque ministris operâ, cum aliorum Principum contra nos aut socios nostros præsenti bello implicitorum Ministris, & eorum unoquoque pari facultate munitis aut munito, amica colloquia instituere, super cunctis eo spectantibus rebus & causis convenire, & quidquid ita vel conjunctim vel seorsim conventum fuerit, subscribere & signare, atque uno verbo nostro nomine omnia ea peragere possint aut possit, quæ nosmetipsæ, si præsentes foremus, peragere possemus: Verbo cæsareo, regio & archiducali spondentes, Nos ea omnia & singula grata & accepta habituras, atque fideliter adimpleturas esse, quæ præfati nostri Ministri plenipotentiarii, oratorum insuper charactere condecorati, ita egerint, concluserint atque signaverint. In quorum fidem majusque robur, præsentes Plenipotentiarum Tabulas propriâ manu subscripsimus, sigilloque nostro cæsareo, regio & archiducali pendente firmari jussimus. Datum in civitate nostrâ Viennæ, die decimâ-nonâ decembris,

anno

anno millesimo septingentesimo quadragesimo septimo, regnorum nostrorum octavo.

MARIA THERESIA.

C. Comes ab ULFELD.

Ad mandatum sacræ, cæsareæ, regiæque Majestatis proprium,
JOH. CHRISTOPHORUS BARTENSTEIN.

Accession du Roy de Sardaigne.

LOUIS, PAR LA GRACE DE DIEU, ROY DE FRANCE ET DE NAVARRE : A tous ceux qui ces présentes Lettres verront, SALUT. Comme nos chers & bien amés le sieur Comte de Saint Severin-d'Aragon, Chevalier de nos Ordres ; & le sieur de la Porte du Theil, Chevalier de l'Ordre de Notre-Dame de Montcarmel & de Saint-Lazare de Jérusalem, Conseiller en nos Conseils, Secrétaire de notre Chambre & Cabinet, & des Commandemens de notre très-cher & très-amé fils le Dauphin, & de nos très-chères & très-amées filles ; en vertu du Plein-pouvoir que nous leur en avons donné, auroient, en qualité de nos Ambassadeurs extraordinaires & Ministres plénipotentiaires aux conférences d'Aix-la-Chapelle, conclu, arrêté & signé le 7 du présent mois de novembre, avec le sieur Ossorio & le sieur Borré, Comte de la Chavanne, Conseiller d'état, Ambassadeurs extraordinaires & Miniſtres plénipotentiaires de notre très-cher & très-amé frère & oncle le Roy de Sardaigne, auxdites Conférences, auſſi munis de Plein-pouvoir, un Acte contenant l'acceſſion de notredit frère & oncle, au Traité & articles ſéparés, conclus & ſignés en la ville d'Aix-la-Chapelle le 18 octobre dernier, en notre nom & en celui de notre très-cher & très-amé frère le Roy de la grande Bretagne, & de nos très-chers & grands amis les Etats-généraux des Provinces-unies des Pays-bas; & auſſi l'acceptation faite en notre nom, de ladite acceſſion, duquel Acte la teneur s'enſuit.

Au nom de la très-ſainte & indiviſible Trinité, Père, Fils, & Saint-Eſprit. Ainſi ſoit-il.

SOIT notoire à tous ceux qu'il appartiendra, ou peut appartenir. Les Ambaſſadeurs extraordinaires & plénipotentiaires de Sa Majeſté Très-Chrétienne, de Sa Majeſté Britannique, & des hauts & puiſſans Seigneurs les Etats-généraux des Provinces-unies, ayant conclu & ſigné en cette ville d'Aix-la-Chapelle le 18 octobre dernier, ſur le fondement des préliminaires convenus & arrêtés d'abord entr'eux le 30 avril de cette année, un Traité général & définitif de paix, & deux articles ſéparés; deſquels Traité & articles ſéparés la teneur s'enſuit.

Fiat inſertio.

Et leſdits Ambaſſadeurs extraordinaires & plénipotentiaires, ayant amiablement invité les Ambaſſadeurs extraordinaires & plénipotentiaires de Sa Majesté le Roy de Sardaigne d'y accéder au nom de Sadite Majesté.

Les Ambassadeurs soussignés, savoir, de la part du sérénissime & très-puissant Prince Louis XV, par la grace de Dieu, Roy très-chrétien de France & de Navarre, les Seigneurs Alphonse-Marie-Louis, Comte de Saint Séverin-d'Aragon, Chevalier de ses Ordres; & Jean-Gabriel de la Porte du Theil, Chevalier de l'Ordre de Notre-Dame de Montcarmel & de Saint-Lazare de Jérusalem, Conseiller du Roy en ses Conseils, Secrétaire de la Chambre & du Cabinet de Sa Majesté, des Commandemens de Monseigneur le Dauphin & de Mesdames de France; & de la part du sérénissime & très-puissant Prince Charles-Emanuel III, par la grace de Dieu, Roy de Sardaigne; les Seigneurs Don Joseph Ossorio, Chevalier Grand-Croix & grand Conservateur de l'Ordre Militaire des Saints Maurice & Lazare, & Envoyé extraordinaire de Sa Majesté le Roy de Sardaigne auprès de Sa Majesté le Roy de la grande Bretagne; & Joseph Borré, Comte de la Chavanne, son Conseiller d'état & son Ministre auprès des Seigneurs Etats-généraux des Provinces-unies, en vertu de leurs Pleins-pouvoirs qu'ils se sont communiqués, & dont copies sont ajoûtées à la fin du présent Acte, sont convenus de ce qui suit.

Que Sa Majesté le Roy de Sardaigne, desirant contribuer & concourir à rétablir & affermir au plûtôt le repos de l'Europe, accède, en vertu du présent Acte, auxdits Traité & deux articles séparés, sans aucune réserve ni exception, dans la ferme confiance que tout ce qui y eſt promis à Sadite Majeſté, ſera accompli de bonne foi: déclarant en même temps, & promettant qu'elle accomplira de même de la meilleure foi tous les articles, clauſes & conditions qui la concernent.

De même, Sa Majeſté Très-Chrétienne accepte la préſente acceſſion de Sa Majeſté le Roy de Sardaigne, & promet pareillement d'accomplir ſans aucune réſerve ni exception, tous les articles, clauſes & conditions contenus dans ledit Traité, & les deux articles ſéparés ci-deſſus inſerés.

Les Ratifications du préſent Acte ſeront échangées en cette ville d'Aix-la-Chapelle, dans l'eſpace de vingt-cinq jours, à compter de ce jour.

En foi de quoi, nous Ambaſſadeurs extraordinaires & plénipotentiaires du Roy Très-Chrétien & du Roy de Sardaigne, avons ſigné le préſent Acte, & y avons fait appoſer le cachet de nos armes. FAIT à Aix-la-Chapelle le ſept novembre mil ſept cens quarante-huit.

(L. S.) S.T SEVERIN D'ARAGON. (L. S.) OSSORIO.

(L. S.) LA PORTE DU THEIL. (L. S.) DE LA CHAVANNE.

NOUS, ayant agréable le ſuſdit Acte d'acceſſion & d'acceptation, en tous & chacuns les points & articles qui y ſont contenus & déclarés, avons icelui, tant pour Nous que pour nos héritiers, ſucceſſeurs, royaumes, pays, terres, ſeigneuries & ſujets, accepté, approuvé, ratifié & confirmé; & par ces préſentes ſignées de notre main, acceptons, approuvons, ratifions & confirmons ; & le tout promettons en foi & parole de Roy, de garder ſincèrement & inviolablement, ſans jamais aller, ni ſouffrir qu'il ſoit allé au contraire, directement ou indirectement, en quelque ſorte & manière que ce ſoit, & pour quelque cauſe que ce puiſſe être. En témoin de quoi Nous avons fait mettre notre ſcel à ces préſentes. DONNÉ à Fontainebleau, le onzième jour de novembre, l'an de grace mil ſept cens quarante-huit, & de notre regne le trente-quatrième. *Signé* LOUIS. *Et plus bas*, Par le Roy, BRULART.

Scellé du grand ſceau de cire jaune, ſur lacs de ſoye bleue, treſſés d'or, le ſceau enfermé dans une boëte d'argent, ſur le deſſus de laquelle ſont empreintes & gravées les armes de France & de Navarre, ſous un pavillon royal, ſoutenu par deux anges.

Ratification du Roy de Sardaigne.

CHARLES EMANUEL, par la grace de Dieu, Roy de Sardaigne, de Chipre & de Jéruſalem, Duc de Savoye, de Montferrat, d'Aoſt, de Chablais, de Genevois & de Plaiſance ; Prince de Piémont & d'Oneille ; Marquis d'Italie, de Saluce, de Suſe, d'Yvrée, de Ceve, du Maro, d'Oriſtan & de Sezane ; Comte de Maurienne, de Geneve, de Nice, de Tende, de Romont, d'Aſt, d'Alexandrie, de Gocean, de Novare, de Tortone, de Vigevano & de Bobbio ; Baron de Vaud & de Faucigny ;

Seigneur de Verceil, de Pignerol, de Tarantaise, de la Lumelline, & de la Vallée de Sesia; Prince & Vicaire perpétuel du Saint-Empire en Italie, &c. A tous ceux qui ces présentes lettres verront, SALUT. Comme ainsi soit que les Ambassadeurs extraordinaires & plénipotentiaires de notre très-cher & très-amé frère & neveu le Roy Très-Chrétien, de notre très-cher & très-amé frère le Roy de la grande Bretagne; & de nos bons amis & alliés les Seigneurs Etats-généraux des Provinces-unies, munis des Pleins-pouvoirs nécessaires, auroient arrêté, conclu & signé dans la ville d'Aix-la-Chapelle le 18 du mois d'octobre dernier, un Traité général de paix définitif, & deux articles séparés, & que nos chers, bien amés & féaux Don Joseph Offorio, Chevalier Grand-Croix & grand Conservateur de notre Ordre militaire des Saints Maurice & Lazare, & notre Envoyé extraordinaire auprès dudit Roy de la grande Bretagne; & le Comte Joseph Borré de la Chavanne, notre Conseiller d'état, & notre Ministre auprès desdits Seigneurs Etats-généraux des Provinces-unies, tous les deux nos Ambassadeurs extraordinaires & plénipotentiaires aux conférences pour la paix, auroient, en vertu des Pleins-pouvoirs que Nous leur avons conférés en date du 24 août dernier, arrêté, conclu & signé dans la ville d'Aix-la-Chapelle le 7 du mois courant de novembre, avec le sieur Comte de Saint Severin-d'Aragon, Chevalier des Ordres de notre très-cher & très-amé frère & neveu le Roy Très-Chrétien; & le sieur la Porte du Theil, Chevalier de l'Ordre de Notre-Dame de Montcarmel, Ambassadeurs extraordinaires &

plénipotentiaires dudit Roy Très-Chrétien, pareillement munis des Pleins-pouvoirs néceſſaires, un Acte d'acceſſion en notre nom, & d'acceptation d'icelle, au nom du Roy Très-Chrétien, aux ſuſdits Traité & articles ſéparés, duquel Acte d'acceſſion & d'acceptation reſpectives, la teneur s'enſuit.

Fiat inſertio.

Nous, ayant vû & examiné le ſuſdit Acte d'acceſſion donnée en notre nom, & d'acceptation d'icelle, faite en celui du Roy Très-Chrétien; & l'ayant agréé dans tout ſon contenu, l'avons approuvé, ratifié & confirmé, l'approuvons, ratifions & confirmons; promettant en foi & parole de Roy de le garder & obſerver inviolablement, ſans aller, ni venir au contraire, directement ou indirectement, ni permettre qu'il y ſoit contrevenu en quelque ſorte ou manière que ce ſoit. En témoin de quoi Nous avons ſigné ces préſentes de notre main, & fait contre-ſigner par le Marquis Don Leopold de Carret de Gorzegne, notre premier Secrétaire d'état pour les affaires étrangères, & à icelles fait appoſer le ſceau ſecret de nos armes. DONNÉES à Turin, le vingt du mois de novembre, l'an de grace mil ſept cens quarante-huit, & de notre regne le dix-neuvième.

Signé C. EMANUEL.

Contre-ſigné CARRET DE GORZEGNE.

Plein-pouvoir du Roy de Sardaigne.

CHARLES EMANUEL, par la grace de Dieu, Roy de Sardaigne, de Chipre & de Jérusalem; Duc de Savoye, de Montferrat, d'Aoste, de Chablais, de Genevois & de Plaisance; Prince de Piémont & d'Oneille; Marquis d'Italie, de Saluce, de Suse, d'Yvrée, de Ceve, du Maro, d'Oristan & de Sezane; Comte de Maurienne, de Geneve, de Nice, de Tende, de Romont, d'Ast, d'Alexandrie, de Gocean, de Novare, de Tortone, de Vigevano & de Bobbio; Baron de Vaud & de Faucigny; Seigneur de Verceil, de Pignerol, de Tarantaise, de la Lumelline, & de la vallée de Sesia; Prince & Vicaire perpétuel du Saint-Empire en Italie, &c. A tous ceux qui ces présentes verront, SALUT. D'autant qu'après avoir accédé aux articles préliminaires de paix, signés le 30 avril dernier à Aix-la-Chapelle, Nous sommes sincèrement empressés de concourir au parfait rétablissement de la paix générale en Europe, à laquelle toutes les Puissances qui ont signé & accédé comme Nous aux susdits articles préliminaires, sont dans la disposition de donner les mains, en rédigeant les mêmes articles préliminaires, & autres actes qui en dépendent, en un Traité définitif de paix générale: A ces causes & autres considérations à ce Nous mouvant, Nous confiant en la capacité, expérience, zèle & fidélité pour notre service, de nos chers, bien amés & féaux le Chevalier Ossorio, Chevalier Grand-Croix, & grand Conservateur de notre Ordre militaire des Saints Maurice

&

& Lazare, & notre Envoyé extraordinaire auprès du Roy de la grande Bretagne; & le Comte Borré de la Chavanne, notre Conseiller d'état, notre Ministre auprès des Seigneurs E'tats-généraux des Provinces-unies, & notre Ministre plénipotentiaire aux conférences d'Aix-la-Chapelle; Nous les avons nommés & députés, comme par les présentes Nous les nommons & députons nos Ambassadeurs extraordinaires & plénipotentiaires ; & leur avons donné & leur donnons pouvoir, commission & mandement spécial, pour, en notre nom & en ladite qualité de nos Ambassadeurs extraordinaires & plénipotentiaires, faire, conclurre & signer tous deux conjointement, ou l'un d'eux seul, en cas d'absence, de maladie, ou autre empêchement de l'autre, avec les Ambassadeurs extraordinaires & plénipotentiaires respectifs des susdites Puissances, conjointement ou séparément, munis de pouvoirs à cet effet, tel Traité définitif de paix, articles, conventions, ou actes qu'ils aviseront bon être pour rétablir solidement la paix générale en Europe, ou accéder à ceux qu'on auroit déjà conclus & signés pour le même but : Voulant qu'ils agissent en ces occasions, avec la même autorité que Nous ferions si nous étions présens en personne, encore qu'il y eût quelque chose qui requît un mandement plus spécial, non contenu en ces présentes: Promettant en foi & parole de Roy, d'observer, & de faire inviolablement observer, tout ce qui aura été fait, convenu, règlé & signé par les susdits Chevalier Ossorio & Comte de la Chavanne, nos Ambassadeurs extraordinaires & plénipotentiaires, sans y contrevenir, ni permettre qu'il y soit contrevenu, directement ni indirectement, pour quelque cause, ou sous quelque prétexte que ce soit & puisse être ; comme aussi d'en faire expédier nos lettres de ratification en bonne forme, pour être échangées dans le terme dont on sera convenu. En témoin de quoi Nous avons signé les présentes de notre main, & fait contre-signer par le Marquis D. Léopold de Carret de Gorzegne, notre premier Secrétaire d'état pour les affaires étrangères, & à icelles fait apposer le sceau secret de nos armes. DONNÉES à Turin, le vingt-quatrième du mois d'août, l'an de grace mil sept cens quarante-huit, & de notre regne le dix-neuvième.

(L. S.) *Signé* C. EMANUEL.

Et plus bas, CARRET DE GORZEGNE.

Accession du Duc de Modène.

LOUIS, PAR LA GRACE DE DIEU, ROY DE FRANCE ET DE NAVARRE: A tous ceux qui ces présentes Lettres verront, SALUT. Comme nos chers & bien amés le sieur Comte de Saint Severin-d'Aragon, Chevalier de nos Ordres; & le sieur de la Porte du Theil, Chevalier de l'Ordre de Notre-Dame de Montcarmel & de Saint Lazare de Jérusalem, Conseiller en nos Conseils, Secrétaire de notre Chambre & Cabinet, & des Commandemens de notre très-cher & très-amé fils le Dauphin, & de nos très-chères & très-amées filles, en vertu du

Plein-pouvoir que Nous leur en avons donné, auroient, en qualité de nos Ambaſſadeurs extraordinaires & Miniſtres plénipotentiaires aux conférences d'Aix-la-Chapelle, conclu, arrêté & ſigné le 25 du mois d'octobre dernier, avec le ſieur Comte de Monzone, Miniſtre plénipotentiaire de notre très-cher & très-amé couſin le Duc de Modène, auxdites Conférences, auſſi muni de ſon Plein-pouvoir, un Acte contenant l'acceſſion de notredit couſin le Duc de Modène aux Traité & articles ſéparés, conclus & ſignés en la ville d'Aix-la-Chapelle le 18 du même mois d'octobre, en notre nom & en celui de notre très-cher & très-amé frère le Roy de la grande Bretagne, & de nos très-chers & grands amis les Etats-généraux des Provinces-unies des Pays-bas; & auſſi l'acceptation faite en notre nom de ladite acceſſion, duquel Acte la teneur s'enſuit.

Au nom de la très-ſainte & indiviſible Trinité, Père, Fils, & Saint-Eſprit. Ainſi ſoit-il.

SOIT notoire à tous ceux qu'il appartiendra, ou peut appartenir : Les Ambaſſadeurs extraordinaires & plénipotentiaires de Sa Majeſté Très-Chrétienne, de Sa Majeſté Britannique, & des hauts & puiſſans Seigneurs les Etats-généraux des Provinces-unies, ayant conclu & ſigné en cette ville d'Aix-la-Chapelle le 18 du préſent mois d'octobre, ſur le fondement des préliminaires convenus

& arrêtés d'abord entr'eux le 30 avril de cette année, un Traité général & définitif de paix, & deux articles ſéparés, deſquels Traité & articles ſéparés la teneur s'enſuit.

Fiat inſertio.

Et leſdits Ambaſſadeurs extraordinaires & plénipotentiaires ayant amiablement invité le Miniſtre plénipotentiaire de ſon Alteſſe ſéréniſſime François III, par la grace de Dieu, Duc de Modène, Reggio, la Mirandole, &c. d'y accéder au nom de ſadite Alteſſe ſéréniſſime.

Les Ambaſſadeurs & Miniſtres plénipotentiaires ſouſſignés, ſavoir, de la part du ſéréniſſime & très-puiſſant Prince Louis XV, par la grace de Dieu, Roy très-chrétien de France & de Navarre, les Seigneurs Alphonſe-Marie-Louis, Comte de Saint Severin-d'Aragon, Chevalier de ſes Ordres; & Jean-Gabriel de la Porte du Theil, Chevalier de l'Ordre de Notre-Dame de Montcarmel & de Saint-Lazare de Jéruſalem, Conſeiller du Roy en ſes Conſeils, Secrétaire de la Chambre & du Cabinet de Sa Majeſté, des Commandemens de Monſeigneur le Dauphin & de Meſdames de France; & de la part de ſon Alteſſe ſéréniſſime le Duc de Modène, le ſieur Comte de Monzone, ſon Conſeiller d'état, & Colonel à ſon ſervice, & ſon Miniſtre plénipotentiaire auprès de Sa Majeſté Très-Chrétienne, en vertu de leurs pleins-pouvoirs qu'ils ſe ſont communiqués, & dont copies ſont ajoûtées à la fin du préſent Acte, ſont convenus de ce qui ſuit.

Que ſon Alteſſe ſéréniſſime le Duc de Modène, deſirant contribuer & concourir à rétablir & affermir au plûtôt le repos de l'Europe, accède, en vertu du présent Acte, auxdits Traité & deux articles séparés, sans aucune réserve ni exception, dans la ferme confiance que tout ce qui y est promis à Sadite Altesse Sérénissime, sera accompli de bonne foi : Déclarant en même temps, & promettant qu'elle accomplira de même de la meilleure foi, tous les articles, clauses & conditions qui la concernent.

De même, Sa Majesté Très-Chrétienne accepte la présente accession de son Altesse sérénissime le Duc de Modène, & promet pareillement d'accomplir, sans aucune réserve ni exception, tous les articles, clauses & conditions contenus dans ledit Traité, & les deux articles séparés ci-dessus insérés.

Les Ratifications du présent Acte seront échangées en cette ville d'Aix-la-Chapelle, dans l'espace de trois semaines, à compter de ce jour.

En foi de quoi, nous Ambassadeurs extraordinaires & Ministres plénipotentiaires du Roy Très-Chrétien, & de son Altesse sérénissime le Duc de Modène, avons signé le présent Acte, & y avons fait apposer le cachet de nos armes. FAIT à Aix-la-Chapelle, le vingt-cinq octobre mil sept cens quarante-huit.

(L.S.) S.T SEVERIN D'ARAGON. (L.S.) Le Comte DE MONZONE.
(L.S.) LA PORTE DU THEIL.

NOUS, ayant agréable le susdit Acte d'accession & d'acceptation, en tous & chacuns les points & articles qui y sont contenus & déclarés, avons icelui, tant pour Nous que pour nos héritiers, successeurs, royaumes, pays, terres, ſeigneuries & ſujets, accepté, approuvé, ratifié & confirmé; & par ces préſentes ſignées de notre main, acceptons, approuvons, ratifions & confirmons; & le tout promettons en foi & parole de Roy, de garder ſincèrement & inviolablement, ſans jamais aller ni ſouffrir qu'il ſoit allé au contraire, directement ou indirectement, en quelque ſorte & manière que ce ſoit, & pour quelque cauſe que ce puiſſe être. En témoin de quoi Nous avons fait mettre notre ſcel à ces préſentes. DONNÉ à Fontainebleau, le ſixième jour de novembre, l'an de grace mil ſept cens quarante-huit, & de notre regne le trente-quatrième. *Signé* LOUIS. *Et plus bas,* Par le Roy, BRULART.

Scellé du grand ſceau de cire jaune, ſur lacs de ſoie bleue, treſſés d'or, le ſceau enfermé dans une boëte d'argent, ſur le deſſus de laquelle ſont empreintes & gravées les armes de France & de Navarre, ſous un pavillon royal, ſoutenu par deux anges.

Ratification du Duc de Modène.

FRANÇOIS III, par la grace de Dieu, Duc de Modène, de Reggio, de la Mirandole, &c. &c. &c. Comme le ſieur Comte de Monzone, notre Conſeiller d'état, Colonel à notre ſervice, notre Miniſtre plénipotentiaire auprès de Sa Majeſté Très-Chrétienne, & aux conférences d'Aix-la-Chapelle, en vertu des pouvoirs que nous lui en avions donnés, auroit le 25 octobre dernier, accédé en notre nom, sans réserve ni exception, à tout le contenu du Traité & articles séparés, pour le rétablissement de la paix générale, précédemment arrêtés & signés le 18 octobre dernier, par les Ambassadeurs extraordinaires & plénipotentiaires de Sa Majesté Très-Chrétienne, de Sa Majesté Britannique, & des Seigneurs Etats-généraux des Provinces-unies, pareillement munis des pouvoirs en bonne forme; desquels Traité & articles séparés la teneur s'ensuit.

Fiat insertio.

Nous, après avoir vû les Actes ci-dessus rapportés, & nommément celui de l'accession donnée en notre nom le 25 octobre dernier, par le sieur Comte de Monzone, avons approuvé & ratifié, comme nous approuvons & ratifions ledit Acte d'accession transcrit ci-dessus, qu'il a signé en notre nom : Promettons en parole de Prince, de le tenir pour ferme & stable, sans y contrevenir, ni permettre qu'il y soit contrevenu, comme si nous avions signé de notre main ladite accession. En foi de quoi Nous avons signé les présentes, qui seront munies de notre sceau, & contre-signées par un de nos Ministres. A Paris, le quinze novembre mil sept cens quarante-huit.

Signé FRANÇOIS.

Et plus bas, DE BONDIGLI.

Plein-pouvoir du Duc de Modène.

FRANCESCO, Duca di Modena, Reggio, Mirandola, &c. Essendo che nelle Conferenze di generale Pacificazione delle Potenze interessate nella presente guerra, da tenersi in Aquisgrana, abbiasi a trattare ancora degli affari che ci riguardano, per i quali sia duopo di avervi un Ministro delle cui abilità, fede, e prudenza ci possiamo assicurare, non habbiamo creduto di poterci valere con più fidanza di persona alcuna, quanto del Conte di Monzone nostro Consigliere di stato, Ministro plenipotenziario alla corte di sua Maestà Christianissima, e Colonello al nostro servigio: Per cio l'elleggiamo e deputiamo per nostro Ministro plenipotenziario pure ad esso Congresso, con dargli e concedergli facoltà, autorità, pieno potere, e mandato generale e speciale, di trattare ivi a nome nostro, di tutti affari che ci riguardano, e di promettere, convenire, concludere, stipulare, e sottoscrivere per parte nostra, quello ch'egli crederà più conveniente al servigio nostro: Pregando a questo fine li Signori Ministri plenipotenziarii delle corti, tutte che interveranno a far parte nel Congresso medesimo, di accettarlo e riconoscerlo per nostro Ministro plenipotenziario; promettendo in fede e parola di Principe, di avere per fermo e rato, e di approvare e osservare, tutto cio che sarà concluso, accettato e stipolato dal medesimo. In fede di che habbiamo sottoscritte le presenti, che saranno munite del nostro sigillo, e contresegnate da uno de nostri Ministri. Dat. di Marsiglia, li trenta novembre 1747.

Signé *FRANCESCO.*

(L.S.) Et plus bas contre-signé, *DE BONDIGLI.*

Accession de la République de Gènes.

LOUIS, PAR LA GRACE DE DIEU, ROY DE FRANCE ET DE NAVARRE: A tous ceux qui ces présentes Lettres verront, SALUT. Comme nos chers & bien amés le sieur Comte de Saint Severin-d'Aragon, Chevalier de nos Ordres; & le sieur de la Porte du Theil, Chevalier de l'Ordre de Notre-Dame de Montcarmel & de Saint Lazare de Jérusalem, Conseiller en nos Conseils, Secrétaire de notre Chambre & Cabinet, & des Commandemens de notre très-cher & très-amé fils le Dauphin, & de nos très-chères & très-amées filles, en vertu du Plein-pouvoir que nous leur en avons donné, auroient, en qualité de nos Ambassadeurs extraordinaires, & Ministres plénipotentiaires aux conférences d'Aix-la-Chapelle, conclu, arrêté & signé le 28 du mois d'octobre dernier, avec le sieur Marquis d'Oria, Ministre plénipotentiaire de nos très-chers & grands amis les Duc, Gouverneur & Conseil de la République de Gènes, auxdites Conférences, aussi muni de plein-pouvoir, un Acte contenant l'accession de ladite République au Traité & articles séparés, conclus & signés en la ville d'Aix-la-Chapelle le 18 du même mois d'octobre, en notre nom & en celui de notre très-cher & très-amé frère le Roy de la grande Bretagne, & de nos très-chers

& grands amis les Etats-généraux des Provinces-unies des Pays-bas; & aussi l'acceptation faite en notre nom de ladite accession, duquel Acte la teneur s'ensuit.

Au nom de la très-sainte & indivisible Trinité, Père, Fils, & Saint-Esprit. Ainsi soit-il.

SOIT notoire à tous ceux qu'il appartiendra, ou peut appartenir. Les Ambassadeurs extraordinaires & plénipotentiaires de Sa Majesté Très-Chrétienne, de Sa Majesté Britannique, & des hauts & puissans Seigneurs les Etats-généraux des Provinces-unies, ayant conclu & signé en cette ville d'Aix-la-Chapelle le dix-huit du présent mois d'octobre, sur le fondement des préliminaires convenus & arrêtés d'abord entr'eux le 30 avril de cette année, un Traité général & définitif de paix, & deux articles séparés, desquels Traité & articles séparés la teneur s'ensuit.

Fiat insertio.

Et lesdits Ambassadeurs extraordinaires & plénipotentiaires ayant amiablement invité le Ministre plénipotentiaire de la sérénissime République de Gènes d'y accéder au nom de ladite sérénissime République.

Les Ambassadeurs & Ministres plénipotentiaires soussignés, savoir, de la part du sérénissime & très-puissant Prince Louis XV, par la grace de Dieu, Roy très-chrétien de France & de Navarre, les Seigneurs Alphonse-Marie-Louis, Comte de Saint Severin-d'Aragon, Chevalier de ses Ordres; & Jean-Gabriel de la Porte du

Theil, Chevalier de l'Ordre de Notre-Dame de Montcarmel & de Saint-Lazare de Jérusalem, Conseiller du Roy en ses Conseils, Secrétaire de la Chambre & du Cabinet de Sa Majesté, des Commandemens de Monseigneur le Dauphin & de Mesdames de France: & de la part de la sérénissime République de Gènes, le sieur François, Marquis d'Oria; en vertu de leurs pleins-pouvoirs qu'ils se sont communiqués, & dont copies sont ajoûtées à la fin du présent Acte, sont convenus de ce qui suit.

Que la sérénissime République de Gènes desirant contribuer & concourir à rétablir & affermir au plûtôt le repos de l'Europe, accède, en vertu du présent Acte, auxdits Traité & deux articles séparés, sans aucune réserve, ni exception, dans la ferme confiance que tout ce qui y est promis à ladite sérénissime République, sera accompli de bonne foi: Déclarant en même temps, & promettant qu'elle accomplira de même de la meilleure foi tous les articles, clauses & conditions qui la concernent.

De même, Sa Majesté Très-Chrétienne accepte la présente accession de la sérénissime République de Gènes, & promet pareillement d'accomplir sans aucune réserve, ni exception, tous les articles, clauses & conditions contenus dans ledit Traité, & les deux articles séparés ci-dessus insérés.

Les Ratifications du présent Acte seront échangées en cette ville d'Aix-la-Chapelle, dans l'espace de vingt-cinq jours, à compter de ce jour.

En foi de quoi, nous Ambassadeurs extraordinaires & Ministres plénipotentiaires du Roy Très-Chrétien, & de la férénissime République de Gènes, avons signé le présent Acte, & y avons fait appofer le cachet de nos armes. FAIT à Aix-la-Chapelle, le vingt-huit octobre mil sept cens quarante-huit.

(L. S.) S.T SEVERIN D'ARAGON. (L. S) FRANÇOIS-MARIE, Marquis D'ORIA.

(L. S.) LA PORTE DU THEIL.

NOUS, ayant agréable le susdit Acte d'accession & d'acceptation, en tous & chacuns les points & articles qui y font contenus & déclarés, avons icelui, tant pour Nous que pour nos héritiers, succeffeurs, royaumes, pays, terres, feigneuries & sujets, accepté, approuvé, ratifié & confirmé ; & par ces préfentes fignées de notre main, acceptons, approuvons, ratifions & confirmons ; & le tout promettons en foy & parole de Roy, de garder fincèrement & inviolablement, fans jamais aller, ni fouffrir qu'il foit allé au contraire, directement ou indirectement, en quelque forte & manière que ce foit, & pour quelque caufe que ce puiffe être. En témoin de quoi Nous avons fait mettre notre fcel à ces préfentes. DONNÉ à Fontainebleau, le feptième jour de novembre, l'an de grace mil fept cens quarante-huit, & de notre regne le trente-quatrième. *Signé* LOUIS. *Et plus bas*, Par le Roy, BRULART.

Scellé du grand fceau de cire jaune, fur lacs de foie bleue, treffés d'or, le fceau enfermé dans une boëte d'argent, ſur le deſſus de laquelle ſont empreintes & gravées les armes de France & de Navarre, ſous un pavillon royal, ſoutenu par deux anges.

Ratification de la République de Gènes.

DOGE, Governatori e Procuratori della Republica di Genova. Avendo Noi veduto ed eſaminato l'Atto di acceſſione ſottoſcritto il giorno vent'-otto del proſſimo paſſato ottobre mille ſettecento quarant'-otto, dal Patrizio Marcheſe Franceſco-Maria d'Oria, noſtro Miniſtro plenipotenziario alle conferenze di Aix-la-Chapelle, al trattato generale e definitivo di pace, e a i due articoli ſeparati, conchiuſo e ſegnato in detta città d'Aix-la-Chapelle, il giorno dieci-otto del detto meſe di ottobre, da gli Ambaſciatori ſtraordinari e plenipotenziari di Sua Maeſtà Chriſtianiſſima, di Sua Maeſtà Britannica, e de gli alti è potenti Signori Stati-generali delle Provincie-unite, il tenore di quali acceſſione, trattato, ed articoli ſeparati, è come ſiegue.

Fiat inſertio.

Abbiamo quindi approvato, confermato e ratificato, come per le preſenti noſtre approviamo, confermiamo e ratifichiamo, ſudetto atto di acceſſione, ſegnato dal predetto noſtro Miniſtro plenipotenziario Marcheſe d'Oria, il detto giorno vent'-otto ottobre ultimo; e promettiamo in fede e parola di Principe, di eſeguirlo, e di oſſervarlo ſinceramente, in tutte le ſue parti, e non permettere dal canto noſtro che vi ſia contravenuto in maniera veruna. In teſtimonio di che abbiamo deliberato che ſiano ſpedite le preſenti, firmate di mano del noſtro ſereniſſimo Doge, munite del noſtro ſigillo, e firmate dall' infra ſcritto noſtro Segretario di ſtato. Dat. nel noſtro real Palazzo, il giorno ſette novembre mille ſettecento quarant'-otto.

IL DOGE, e Governatori della Republica di Genova.

GIUSEPPE-MARIA SERTORIO, Segretario di ſtato.

Plein-pouvoir de la République de Gènes.

DOGE, Governatori e Procuratori della Republica di Genova. Conſci dell' eſperienza, fedeltà e zelo del noſtro Patrizio Franceſco-Maria d'Oria, lo abbiamo eletto e deputato in noſtro Miniſtro plenipotenziario alle conferenze di pace di Aquiſgrano, o ſia Aix-la-Chapelle, e in qualunque altro luogo ove ſi teneſſero, o foſſero in appreſſo trasferite le conferenze di pace; e gli abbiamo data & conferta, come gli diamo e gli conferiamo ampia facolta, e pienpotere e mandato generale eſpeciale, di trattare ivi, a nome noſtro, gli affari che ci riguardano, e di convenire, conchiudere, ſtipulare e firmare per parte noſtra, quello che apprendera più conveniente ai noſtri intereſſi, e come potreſſimo fare noi ſteſſi, ſe foſſimo preſenti, encorché ſi richiedeſſe un più ampio e ſpeciale mandato del preſente: Pregando a tal fine li ſignori Miniſtri plenipotenziarii delle corti tutte che interverranno a far parte nelle conferenze medeſime, di accetterlo e riconoſcerlo per noſtro Miniſtro plenipotenziario; e promettendo noi in fede e parola di Principe, di avere per fermo, rato, e di approvare ed oſſervare, tutto cio che ſarà concluſo, accettato, ſtipulato, e ſottoſcritto dal medeſimo, in virtú del préſente Pienpotere, come altreſi di far spedire le nostre ratifiche in buona forma, per esser cambiate nel tempo che sarà convenuto. Et in fede sarà il presente firmato dall' infrascritto nostro Segretario di stato, e munito del nostro solito sigillo. Dat. nel nostro real Palazzo, questo di primo marzo 1748.

C.ᵃ GIUSEPPE-MARIA SERTORIO, Segretario di stato.

(L. S.)

www.ingramcontent.com/pod-product-compliance
Ingram Content Group UK Ltd.
Pitfield, Milton Keynes, MK11 3LW, UK
UKHW020945180726
13838UKWH00003B/1130